초기교회 시대의 화두가 신론이었고 종교개혁 시대의 화두가 구원론이었다면, 오늘날의 화두는 의심의 여지없이 교회론이다. 나는 우리가 원하는 교회를 만들거나, 우리가 원하는 교회를 찾아 끊임없이 돌아다니지 않기 위해서는 성경에 천착하며, 역사적 개혁과 신조에 몰입해야 한다고 가르쳐 왔다. 온라인 교회, 가상현실 교회, 메타버스 교회가 난무하는 이 시대에 《교회의 재발견》은 성경과 교리에 근거한 교회론, 하나님이 원하시는 참된 교회론을 설득력 있게 전개하고 있다. 이 책을 읽으면서 내가 집필한 《교회다운 교회》와 그 내용이 얼마나 흡사한지 미국판 《교회다운 교회》를 읽는 듯한 착각이 들 정도였다. 위드코로나 시대에 "다시 교회로" 돌아가기를 원하는 이들에게 단 한 권의 교회론 책을 추천하라면 나는 조금의 주저함도 없이 이 책을 추천할 것이다.

– 신호섭 올곧은교회 담임목사, 고려신학대학원 교의학 겸임교수,
《교회다운 교회》 저자

이 책은 필독서이다. 단지 해당 주제에 대한 저자들의 대단한 식견 때문만은 아니다. 오히려 이 시대 모든 그리스도인들에게 가장 필요한 책이기 때문이다. 기독교의 미래가 가상 교회에 달려 있다고 믿는 그리스도인들이 많으며, 코로나19는 그런 생각에 더욱 힘을 실어주고 있다. 《교회의 재발견》은 오직 성경적인 교회관 위에 굳게 서 있어야 함을 다시 한 번 상기시켜주는 매우 유익한 책이다. 본서를 진심으로 추천한다.

– 니마 알리자데 Iranian Revelation Ministries Inc.의 설립자이자 회장

지역 교회의 필수불가결성에 대하여 혼란과 낙심이 가득한 시대에 본서는 참으로 시의적절한 책이다. 핸슨과 리먼은 신자의 삶에 교회가 어떤 역할

을 하는지에 대해 논리적이고, 실천적이며, 성경적이고, 기초적인 이해를 이 책에 담았다. 그리스도인이 지역 교회를 떠나서 그리스도 안에서 성숙해가고 복음에 합당한 삶을 일관성 있게 살아간다는 것은 상상하기 어려운 일이다. 그 이유가 궁금하다면 이 책을 일독하여 확신을 얻을 필요가 있다. 이 책이 우리 시대에 교회의 재발견과 재건을 위해 하나님께 쓰임받기를 바라고 기도한다.

― 미구엘 누네즈 도미니카 공화국 International Baptist Church of Santo Domingo
담임목사

코로나19 팬데믹 이전에도 기독교 교회를 바라보는 다양한 스펙트럼의 시각들이 있었다. 그런데 팬데믹으로 인한 규제 때문에 교회의 존재와 그 역할에 대한 우리의 견해는 더 큰 어려움을 맞이하게 되었다. 따라서 지금은 성경적인 회복이 그 어느 때보다 더 절실한 시기이다. 콜린 핸슨과 조너선 리먼은 이 어려움에 맞서 일어나 우리가 그와 같은 회복을 향해 나아갈 수 있도록 이 책을 통해 도움의 손길을 내밀었다. 《교회의 재발견》은 명료한 대화체 문장으로 쓰였으나, 그 안에는 부인할 수 없는 성경적 시각을 바탕으로 하는 뛰어난 통찰과 실천적인 지혜가 가득하다. 모든 교회가 이 책을 읽고 토론의 기회로 삼기를 바란다. 이 책에는 신자들이 예수 그리스도의 영광과 복음의 진전을 위해 그분의 교회를 재발견하기 위한 성경적 길잡이가 제시되어 있기 때문이다.

― 께이스 판 끄랄링언 네덜란드 Independent Baptist Church of Papendrecth 장로,
Reformation Today 편집자, The Gospel Coalition Nederland의 Council 멤버

《교회의 재발견》은 팬데믹 이후의 세상에 너무도 필요한 시의적절하고 적

실성 있는 책이다. 더 이상 교회는 당연한 것이 아니다. 지금 이 세대는 이 제껏 해 오던 모든 일에 의문을 제기한다. 핸슨과 리먼은 성경적 사고와 실생활의 경험을 능숙하게 엮어서 오늘날 교회의 모습이 어떠해야 하는지에 대한 선언문을 발표한다. 가상의 세상에서 살아가는 우리가 물리적인 모임을 가져야 하는 이유는 무엇인가? 누가 교회에게 진리를 선포할 수 있는 권세를 주었는가? 우리는 어떻게 교회 안팎의 사람들을 사랑할 수 있는가? 우리는 교회 권징이라는 이 힘겨운 사랑을 어떻게 실천할 수 있는가? 때론 직설적이고(동일 인종 교회의 부도덕성), 인상적인 예시가 가득하며 (대사관으로서의 교회), 시종일관 배려심을 잃어버리지 않는 이 책은 여러분의 교회가 꼭 함께 읽고 이야기를 나누었으면 하는 책이다.

— **맥 스타일즈** 중동 지역의 전직 목사이자 현 선교사, 《전도》 저자

옛날 옛적에는 교회를 향한 열심을 버린 지 오래된 명목상의 그리스도인들만이 교회에 대한 기본적인 진리에 무지했다. 그러나 코로나19의 발발과 온라인 생중계 예배가 가능해지면서 집에서 '교회 생활 하기'를 더 선호하는 신자들이 갈수록 많아지고 있다. 이와 같은 일대 기로에서 개인적 일화를 풍성하게 담고 있는 읽기 쉬운 책이 등장했다. 콜린 핸슨과 조너선 리먼은 우리가 교회에 대한 하나의 포괄적 정의를 깊이 음미함으로써 교회를 재발견하도록 안내한다. 그들의 인도를 따라 이 책을 읽어 나가면 교회와 그 머리 되신 주 예수 그리스도에 대한 사랑을 새로이 회복할 것이다.

— **콘래드 음베웨** 잠비아 카브와타 침례교회 목사

교회의 재발견

For my home group:
팬데믹을 함께 겪는 이들이여, 함께 하라

Collin

To my brothers and sisters at Cheverly Baptist Church

Jonathan

교회의 재발견

지은이   콜린 핸슨, 조너선 리먼
옮긴이   이제롬
펴낸이   김종진
편집   김예담
초판 발행 2022. 5. 28.
초판 2쇄 2022. 9. 26.
등록번호 제2018-000357호
등록된 곳 서울특별시 강남구 선릉로107길 15, 202호
발행처   개혁된실천사
전화번호 02)6052-9696
이메일   mail@dailylearning.co.kr
웹사이트 www.dailylearning.co.kr

책값은 뒤표지에 있습니다.
ISBN 979-11-89697-30-3 03230

교회의 재발견

콜린 핸슨, 조너선 리먼 지음

이제롬 옮김

개혁된실천사

목차

서론

당신이 교회에 가지 않는 이유는 여러 가지가 있을 수 있다. 실제로 최근 팬데믹 상황 속에서 많은 이들이 교회에 출석하는 일을 멈추었는데, 어떤 통계에 따르면 그 수가 기존 교회 출석자의 3분의 1에 달한다고 한다. 어쩌면 당신도 그중의 하나일 수 있을 것이다. 이 책의 목적은 바로 그런 당신이 교회를 재발견할 수 있도록 돕는 것이다. 어쩌면 당신은 이 책을 통해 지역 교회의 일원이 되고 그 회집에 참석하는 것이 하나님의 뜻이라는 것을 비로소 발견할 수도 있다.

간단히 말하면 교회 없는 그리스도인은 문제 있는 그리스도인이다.

예수 그리스도 안에서 헌신된 신자라면 교회를 위해 애써야 하는 이유를 당연히 잘 알 것이라는 생각은 오늘날 이미 구태의연한 유물이 되어 버렸다. 자신을 그리스도인으로 여기는 사람의 수는 매주일 예배에 참석하는 사람의 수보다 훨씬 더 많다. 게다가 교회를 위한 봉사나 헌금 등의 일은 그저 소수의 사람들만 감당하곤 한다. 즉 교회에 가치를 부여하지 않는 그리스도인이 코로나19 때문에 갑자기 생겨난 것은 아니라는 말이다. 이미 그 전에도 수백만 명이 그러한 결론에 이르렀으며, 이는 사회적 거리두기, 마스크 착용 등의 회집 규제가 가해지기 훨씬 이전에도 있었던 일이다.

그러나 개인적인 믿음과 조직화된 신앙생활 사이의 고질적인 간극은 코로나19로 인해 더욱 심화되었다. 갑작스런 교회 건물 폐쇄 조치와 끝을 알 수 없는 폐쇄 기간 연장에 우리 모두는 적잖이 당황하지 않을 수 없었고, 더욱이 1년 이상 중단된 습관을 다시 회복하기란 쉬운 일이 아니다. 이것은 교회만의 문제는 아니다. 수개월 동안 발길을 끊었던 헬스클럽을 다시 찾는 일도 마찬가지다.

만약 어떤 치명적인 질병으로 인해 우리가 예상보다 훨씬 더 오랜 기간 떨어져 지냈던 것만이 문제라면, 힘들더라도 다시 교회에 출석할 수 있을 것이다. 하지만 감염에 대한 두려움은 수많은 그리스도인이 교회에 가지 않고 집에 머물렀던 이유 중에 극히 일부에 불과할 수도 있다. 교인들은 마스크와 백신, 그 밖의 여러 주제들에 대해 논쟁하며 서로에게 등을 돌리고, 자기 집 안에 스스로를 가둔 채 저질스런 경고와 음모 이론이 가득한 페이스북에만 집착하게 되었다. 소셜미디어가 있기 전에는 그리스도인들 간의 관계가 훨씬 더 좋았다. 한 지붕 아래서 매주 함께 예배 드리던 이 하나 됨의 경험이 사라지자 그 사랑의 끈은 끊어져 버렸다.

그러나 그것이 전부는 아니다. 보다 결정적인 원인은 정치일 수 있다. 어떻게 서로 다른 우선순위를 가진 그리스도인들이 나란히 앉아 함께 예배드릴 수 있겠는가? 물론 그런 사람들도 삼위일체, 세례(또는 침례), 그리고 심지어 종말론에 대해서도 같은 견해를 가질 수 있다. 하지만 우리와 동일한 정치적 견해를 가진 비그리스도인들에게 더욱 큰 연대의식을 느낀다면 그런 것들이 다 무슨 소용이겠는가?

인종차별로 인해 야기된 사회적 불안에 대해서도 마찬가지이다. 교회에서 매주 우리 앞에 앉던 부부가 공개적인 글을 통해 참으로 무지하고 위험하기까지 한 생각들을 부추기는 모습을 보면, 우리는 오히려 믿지 않는 이웃들이 정확한 해결책을 파악하고 있는 것에 의아해할 수도 있다. 그것만으로도 많은 이들이 교회로 돌아가는 것에 불안이나 불편을 느끼기에 충분하다.

거기다 목사들은 어떤가? 우리의 불만사항이 무엇인지 다 들었을 텐데, 그들은 어찌하여 집 밖을 나갈 수 없었던 우리를 돌아보기 위해 나서지 않았단 말인가? 도대체 팬데믹 기간 동안 그들은 무슨 일을 한 것인가? 좀이 쑤셔서 잠시도 가만 있지 못하는 아이들에 의해 방해를 받으면서도 어떻게든 온라인 예배를 드려보려는 사람들에게 영상예배는 도무지 생기가 없다. 어쨌든 일반적인 목사들은 TV 인터뷰나 기사를 통해 당면한 문제에 정면으로 맞섰던 용기 있는 지도자들과는 비교할 바가 못 된다. 그뿐 아니라 팬데믹으로 인해 과거 그 어느 때보다도 아무런 죄책감 없이 다른 목사들의 온라인 설교를 시청하면서, 자기 교회를 빠지는 일이 더욱 쉬워졌다. 우리는 아무도 차이를 알아차리지 못할 거라는 걸 안다. 교회 목사를 직접 볼 수 없는 것은 매한가지이기 때문이다.

이처럼 우리 모두는 교회로 돌아가지 않을 많은 이유를 가지고 있다. 사실 많은 교회들은 우리가 다시 돌아오리라고 기대하지 않는다. 그들은 가상의 교회^{virtual churches}(온라인상에서 제반 활동이 이루어지는 교회—편집주)를 출범시키고 가상의 목사들virtual pastors을 채용하고 있다. 그곳에서는 일요일 아침에 일찍 일어날 필요가 없다. 바지를 입을 필요도 없다. 주차할 자리를 찾아다닐 필요도 없다. 다른 가정의 우는 아기에게 신경 쓸 필요도 없다. 역겨운 정치적 견해를 가진 사람과 사소한 잡담을 나눌 필요도 없다. 긴 설교를 들으며 하품을 꾹 참을 필요도 없다. 빵과 포도주를 맛볼 필요도 없다.

교회의 미래는?

그렇다면 교회에는 미래가 있는가? 가상의 교회virtual churches가 미래인가? 그렇기도 하고 아니기도 하다. 그래서 우리는 이 책을 통해 당신을 설득하여 교회를 재발견하도록 독려하고자 하는 것이다. 그렇다고 우리가 사람들이 지역 교회 때문에 골치를 썩는 이유를 생각지도 못하는 순진해 빠진 사람들이라서가 아니다. 사실 교회를 사랑하는 사람이라면 다른 그리스도인을 용서하고 용납하는 것을 배워야 한다. 하나님이 우리를 교회로 초청하시는 것은 그곳이 약간의 정신적 위안과 함께 마음 편안히 지낼 수 있는 곳이기 때문이 아니다. 그렇다. 하나님이 우리를 초청하시는 곳은 왕따와 아싸들이 모여 이루는 영적인 가족이다. 그곳은 우리가 원하는 곳이라기보다는 오히려 우리에게 필요한 집과 같은 곳인데, 하나님은 바로 그런 곳으로 우리를 맞아들이시는 것이다.

팬데믹 이전의 교회를 한 번 떠올려 보자. 회중이 함께 모여 찬양하고 기도하며 하나님의 말씀을 듣는 모습을 볼 때 당신은 그 자리에 있는 모든 이들이 다 기뻐하고 있다고 생각했을 것이다. 사람들은 조용히, 혹은 어떤 내용이 마음에 와 닿았을 때는 "아멘!"이라고 외치며, 목사님의 설교를 들었을 것이다. 찬양대의 노래를 들으며 손을 들어 올리기도 했을 것이고, 아니면 눈을 지그시 내려 찬송가를 바라보았을 것이다. 예배를 마치고 나면 교회를 떠나기 전에 사람들과 따뜻한 악수나 친근한 인사를 나눴을 것이며, 혹은 "평안하세요!"라며 짧게나마 축복을 빌어주었을 것이다.

그러나 설사 미소가 넘치는 교회라 할지라도 겉으로 보이는 것과는 다른 것이 있다. 팬데믹으로 인해 사람들의 관계는 틀어지고 행복한 얼굴 뒤에 가려져 있던 고통과 두려움이 드러나게 되었다.

교회 사람들의 웃는 얼굴 뒤에는 저마다의 사정이 있다. 집에서 나와 교회 문지방을 넘을 때까지 서로 티격태격하는 가족이 있을 수도 있다. 사별의 아픔으로 괴로워하는 과부가 있을 수도 있다. 고통스럽고 힘든 생애 가운데 하나님의 선하심에 대한 의심을 떨쳐 버리기 위해 분투하는 고독한 영혼이 있을 수도 있다. 심지어 어떤 목사는 한 주 동안 예수님을 따라 살지 못한 자신의 모습을 보며 어떻게 교인들에게 그렇게 살라고 말할 수 있을지 고민할 수도 있을 것이다.

매주일 교회에서 마주치는 사람들의 겉모습만으로는 결코 그들의 감정과 생각을 다 알 수 없다. 사실 그들이 교회에 나온 이유조차도 확신할 수 없다. 그렇기 때문에 누가 다음 주에 다시 나타날지도 알 수 없는 것이다. 어떤 이는 여러 교회의 교리적 입장을 철저히 조사해서 자신의 생각과 가장 잘 맞는 교회를 선택한 것일 수 있다. 반면에 새로 이사 온 동네에서 그저 아는 사람을 만들고 싶었던 이도 있을 것이다. 어떤 이는 이 교회 저 교회를 다 다녀봐도 맘에 딱 드는 곳이 없었을 수도 있고, 또 어떤 이는 어려서부터 출생과 결혼, 그리고 세상을 떠나신 분들까지 인생의 중대사를 다 겪은 자신의 모교회를 떠날 생각조차 하지 못할 수도 있다. 겉모습만으로는 이 모든 사정들을 결코 다 알 수 없는 일이다. 당신이 다니고 있는 교회라 할지라도 말이다.

그렇다면 당신이 교회를 재발견해야 하는 이유는 무엇인가? 일요일 아침 달콤한 잠자리에서, 혹은 수요일 저녁 퇴근 후 편안한 소파에서 다시금 당신을 일으켜 세워줄 수 있는 것은 무엇일까? 왜 여러 가지 선택지 중에서 하필 교회인가? 굳이 기독교여야만 하는 이유는 도대체 무어라 말인가? 팬데믹 기간 동안 세상에서 교회의 부재에 대해 슬퍼한 사람은 거의 없다. 그깟 게 도대체 무엇인가? 정신적, 감정적으로 연약한 사람들을 위한 자기계발 모임인가? 뜻이 맞는 폐쇄적 인간들이 정치적 행위를 하려고 모인 동호회인가? 흘러간 옛 노래를 즐기는 사람들의 지역사회 봉사단체인가?

치명적 전염병인 코로나바이러스가 세상을 위협하기 전에도 교회는 갈수록 이상해 보였다. 요즘 시대에는 동네 사람들이 모여 은밀히 토론하거나 조용히 무언가를 배우는 일, 혹은 목청껏 노래하는 일 등은 웬만해선 흔치 않은 일이기 때문이다. 특히나 동물을 죽여 제사 드리는 내용을 담고 있는 고대의 서적을 절대적인 권위가 있는 책이라 여기며, 그 책의 이런저런 주제들에 대해 토론하는 그리스도인들의 모습은 더더욱 이상해 보였다.

그렇다면 당신이 교회에 갈 때, 정확히 무슨 일이 일어나는 것인가? 설교나 찬송, 예배 같은 것들을 말하는 것이 아니다. 물론 이 책에서는 그런 것들에 대해서도 언급할 것이기는 하지만, 지금 우리가 말하고자 하는 것은 사람들의 미소와 노래, 그리고 성경을 읽는 것 뒤에서 어떤 일들이 일어나고 있는지에 관한 것이다. 즉 하나님의 계획과 목적에 관한 것이다. 왜냐하면 당신이 다니고 있는 그 교회는 눈에 보이는 것 이상의 의미가 있기 때문이다. 사실 교회는 하나님에게 있어 눈에 넣어도 아프지 않을 존재이며, 예수 그리스도께서 자신의 몸을 내어 주심으로써 세우신 그분의 몸이다. 그러므로 교회는 필수적이다.

그렇기 때문에 하나님은 인간의 가장 내밀한 관계인 결혼에 빗대어 교회 안에서 일어나는 일을 설명하신다. 바울 사도는 에베소 교회 사람들에게 결혼에 대해 가르치며 다음과 같이 기록한다.

> "남편들아 아내 사랑하기를 그리스도께서 교회를 사랑하시고 그 교회를 위하여 자신을 주심 같이 하라 이는 곧 물로 씻어 말씀으로 깨끗하게 하사 거룩하게 하시고 자기 앞에 영광스러운 교회로 세우사 티나 주름 잡힌 것이나 이런 것들이 없이 거룩하고 흠이 없게 하려 하심이라"(엡 5:25-27).

이 말씀에서 바울은 우리가 알고 있는 관계인 결혼을 통해 우리가 볼 수 없는 교회의 어떤 모습을 이해시킨다. 남편이 자신의 목숨을 바쳐 아내를 사랑하듯이, 하나님의 아들이신 예수 그리스도께서는 성령으로 잉태되시어 동정녀 마리아에게서 나시고, 로마의 명으로 십자가에 달리셨다가 사흘 만에 죽은 자 가운데서 살아나심으로써, 교회를 위해 자신을 내어 주셨다. 십자가 위에서 자신을 희생하심으로써 죄에서 돌이켜 그분을 의지하는 모든 이들의 죄를 사하신 것이다. 예수님이 그분의 몸을 내어 주셨으므로 당신은 거룩해질 수 있다. 당신이 자신의 몸을 양육하고 보호하듯이, 그리스도께서도 그분의 교회를 양육하고 보호하신다(엡 5:29).

옆자리에 앉은 아주머니한테서 향수 냄새가 진동할 때, 앞자리에 앉은 사람이 엇박자로 박수를 칠 때, 그리고 건너편 줄에 앉은 친구가 당신의 생일을 잊어 버렸을 때에도 바로 그리스도와 교회의 이 큰 비밀을 떠올려야 한다. 집에 혼자 있을 때는 그 비밀을 되새기는 것이 훨씬 더 어렵다. 왜냐하면 껄끄러운 교인들이야말로 우리에게 오직 순전한 은혜가 아니고서는 하나님께 가까이 갈 자가 없음을 상기시켜주기 때문이다. 아무도 이 상에 앉을 자격을 돈으로 살 수 없다. 오직 초청을 받아야만 한다.

믿기 힘들겠지만 당신의 교회에는 흥미로운 것들이 훨씬 더 많다. 바울은 고린도 교회 사람들에게 "너희는 그리스도의 몸이요 지체의 각 부분이라"(고전 12:27)라고 말한다. 그렇다. 당신의 교회는 바로 그리스도의 몸이다. 이 사실은, 은행원인 집사회 의장과 몸에서 악취를 풍기는 회복 중인 알코올 중독자에게도 해당한다. 이 사실은, 정문에서 미소로 당신을 맞이하는 젊은 여성과 모태솔로 유아실 봉사자에게도 해당한다. 죄를 회개하고 예수님의 죽으심과 부활의 기쁜 소식을 믿는 사람이라면, 그 누구든 다 함께 그리스도와 하나가 된다. 바울은 로마 교회 사람들에게 이렇게 말한다. "우리가 한 몸에 많은 지체를 가졌으나 모든 지체가 같은 기능을 가진 것이 아니니 이와 같이 우리 많은 사람이 그리스도 안에서 한 몸이 되어 서로 지체가 되었느니라"(롬 12:4-5).

그리스도 안에서 당신의 교회는 티나 주름 잡힌 것 없이 완전하다. 팬데믹이 세상을 휩쓸고 정치판이 시끌벅적할 때도 이것은 여전히 사실이다. 하지만 실제 교회의 모습을 보면 성령님께서 거룩하게 하신 교인들도 여전히 하나님께, 그리고 서로를 향해 죄를 짓는다. 당신의 기분을 상하게 하는 사람도 있을 수 있고, 유아실 봉사를 빼먹고 오지 않는 사람도 있을 수 있으며, 상처가 되는 말을 하는 사람도 있을 것이다. 개중에는 죄악 가득한 편파성을 드러내는 사람도 있을지 모른다. 일일이 열거하자면 한도 끝도 없다.

그렇지만 당신이 이 책의 도움을 빌어 교회를 재발견하고자 한다면, 당신이 볼 수 없는 것을 상기해볼 필요가 있다. 당신이 교회로 돌아가는 이유는 당신이 하나님께 속해 있기 때문이고, 그리스도께서 그분의 몸을 내어 주셨기 때문이다. 또한 그리스도께서 각 족속과 방언과 백성과 나라 가운데에서(계 5:9) 신자들의 몸을 이루셨기 때문이다. 이 몸에서는 어느 누구도 다른 이보다 더 중요하지 않은데, 그것은 모두가 오직 은혜로, 그리고 오직 믿음을 통해 그 몸에 속해 있기 때문이다. 부유함이나 권력에서 비롯되는 차별이나 특별 대우는 있을 수 없다(약 2:1-7). 우리에게 있는 것은 모두 그리스도에게서 온 것이니, 우리는 그 모든 것을 함께 나누어 가질 뿐이다. "만일 한 지체가 고통을 받으면 모든 지체가 함께 고통을 받고 한 지체가 영광을 얻으면 모든 지체가 함께 즐거워하느니라"(고전 12:26).

당신은 하나님께 속해 있을 뿐만 아니라 또한 서로에게 속해 있다. 당신을 포함한 많은 지체가 한 몸을 이루고 있는 것이다. 교회를 재발견하는 일이 내키지 않는 이유가 많이 있겠지만, 반대로 그래야만 하는 한 가지 이유가 있다. 이는 하나님이 당신이 썩 좋아하지 않는 저 사람들을 통해 그분의 사랑을 보여 주시고자 하기 때문이다. 오직 이러한 사랑을 통해서만 우리는 이기적인 생각을 버리고, 병든 이 세상을 갈기갈기 조각내는 권세를 초월하여 참된 교제를 누릴 수 있게 된다. 그것이 바로 우리가 서로를 치유할 수 있는 유일하고도 근본적인 길이다.

이 모든 것을 차치하고서라도 당신의 교회는 그리스도께서 특별한 방식으로 임재하시는 곳이다. 당신과 우리가 속한 교회는 천국이 이 땅에 맞닿아 있는 곳, 즉 "나라가 임하시오며 뜻이 하늘에서 이루어진 것 같이 땅에서도 이루어지이다"라는 우리의 기도에 대한 응답이 시작되는 곳이라고 우리는 감히 말할 수 있다.

1장

교회는 무엇인가?

조너선 리먼

어쩌면 당신은 어려서부터 부모님에게 이끌려 교회에 다녔을 수도 있을 것이다. 나 역시 그랬다. 그땐 좋은 것도 있었고, 그렇지 않은 것도 있었다. 내가 정말 좋아했던 것 중 하나는 교회 건물 안에서 친구들과 숨바꼭질을 하는 것이었다. 미로 같은 복도와 출입구, 계단들이 이쪽저쪽으로 불규칙하게 펼쳐져 있던 그 건물은 그야말로 숨바꼭질하기에 최적의 장소였다. 그때 누군가 나에게 "교회는 무엇인가?"라고 물었다면, 난 아마도 그 건물을 가리켰을 것이다.

고등학교 시절에 내가 교회에서 제일 재미있어했던 것은 금요일 밤 청소년 모임이었다. 거기서 나는 신나는 노래를 부르고, 웃기는 연극도 하고, 또 짧은 경건회도 가졌다. 하지만 그때 누군가 나에게 교회의 멤버가 될 의향이 있느냐고 물었다면, 나는 대답하지 못했을 것이다. 아마도 그것이 뭘 의미하는지 모른 채 그 질문을 피하려고 했을 것이다.

대학에 가서는 교회에 다니지 않았지만, 적어도 머리로는 여전히 기독교의 진리를 믿었다. 그러나 실상 나는 예수님보다는 세상을 더 원했다. 그래서 열심히 세상을 좇아 달려갔다. 그 당시의 나는 명목상의 그리스도인, 즉 이름만 그리스도인이었다고 할 수 있을 것이다. 말로는 예수님을 나의 구원자로 불렀지만, 그분이 나의 주님이신지에 대해서는 확신이 없었다. "믿기는" 했지만, 예수님의 부르심을 따라 "회개하고 믿지는" 않았다. 그때의 나에게 누군가 "교회는 무엇인가?"라고 물었다면, 나는 아마 이렇게 답했을 것이다. "그건 예수님을 따르고자 하는 사람들의 모임인데, 그래서 나는 거기에 가고 싶지 않아요." 아이러니하게도 나는 교회에서 멀어질수록 교회가 무엇인지 그 실체를 보다 더 잘 알게 되었다.

당신은 어떤가? 잠시라도 스스로에게 "교회는 무엇인가?"라고 물어본 적이 있는가?

설교와 사람들

1996년 8월, 나는 대학을 마치고 취업을 하기 위해 워싱턴 DC로 이사했다. 그리스도인 친구 하나가 동네에 있는 어떤 교회에 대해 알려주었다. 과거의 삶에 대해 약간의 죄책감도 있었지만, 그래도 무엇보다 좀 더 심오하고 좀 더 의미 있는 삶을 위해 교회에 나가기로 했다. 교회로 다시 돌아간 첫 주일 오전 예배의 설교는 기억이 나지 않지만, 그날 주일 저녁 예배와 그 주의 수요일 저녁 성경공부에 참석했다는 것은 기억이 난다. 다음 주에도 동일했다. 나는 주일 오전, 주일 저녁, 그리고 수요일 밤까지 교회의 모든 회집에 참석했다. 나는 어느새 전혀 교회에 나가지 않던 사람에서 일주일에 세 번 교회에 가는 사람으로 변해 있었다. 누가 시킨 것도 아닌데, 무언가가 나를 그 방향으로 이끌었다.

사실 나를 이끌었던 것은 성령님이셨다. 그분은 두 가지 도구를 사용하여 나를 이끄셨다. 하나는, 마크^{Mark} 목사의 설교였다. 나는 이전에 그 어디서도 그런 설교를 들어본 적이 없었다. 마크 목사는 성경의 한 절 한 절, 한 장 한 장을 꼿꼿하게 설교했다.

하루는 마크 목사가 구약성경의 여호수아서 중에서 가장 이해하기 어려운 본문을 설교했다. 하나님이 여호수아에게 가나안 성에 들어가 모든 남자와 여자, 어린이와 노인, 그뿐 아니라 모든 소와 양과 나귀들까지 전부 죽이라고 명령하신 부분이다. 마크 목사는 그 본문을 큰 소리로 읽은 후에 우리를 바라보더니 잠시 동안 침묵했다.

나는 속으로 생각했다. '이제 무슨 말을 하시려나? 이 본문은 정말 너무 충격적인데!'

이윽고 마크 목사는 입을 열었다. "여러분이 그리스도인이라면, 성경에 왜 이런 말씀이 들어 있는지 알고 있어야 합니다."

'헐, 뭐라고?'

처음에 나는 마크의 도발적인 발언에 기분이 상했다. '성경에 왜 그런 말씀이 있는지 알고 있어야 한다고? 당신이 그냥 내게 말해주면 안 되나요. 잘난 목사님!'

그런데 잠시 후 마크의 그 도발이 조금씩 이해되기 시작했다. 마크가 방금 읽은 것과 같은 그런 구절을 통해 우리는 하나님이 우리에게 미주알고주알 설명할 의무가 없으시다는 것을 상기하게 된다. 설명의 의무를 지고 있는 것은 바로 우리 자신이다. 하나님은 시험대에 놓이지 않으신다. 우리가 시험대에 놓인다. 하나님은 창조주이자 심판주이시다. 오직 그분께서만 생명을 주기도 하고 거두어 가시기도 한다.

마크 목사가 그 후 무슨 말을 했는지는 기억나지 않는다. 그러나 요점은 나의 세계관이 이미 변해 있었다는 것이다. 현실 세계가 재정리되었다. 세상을 이전과는 좀 다른 눈으로 보게 된 것인데, 이는 마치 나이가 들어감에 따라 얻게 되는 새로운 시각과 같은 것이다. 다만 차이점이라면 그것을 한순간에 얻었다는 점이다. '하나님이 하나님이시지 나는 하나님이 아니다.'라는 확고한 신념이 마음속에 자리 잡게 되었다.

좋은 설교를 들으면 매주 이런 일이 일어난다. 좋은 설교는 성경의 가르침을 신실하게 드러내줌으로써 마음의 눈을 변화시켜 세상을 자신의 시각이 아닌 하나님의 시각으로 보게 만든다. 설교에 관해서는 4장에서 조금 더 살펴보도록 하겠다.

그런데 성령님이 나를 교회로 이끌기 위해 사용하신 것은 이러한 설교만이 아니었다. 그분은 사람들도 사용하셨다. 댄이라는 남자는 매주 토요일 아침에 함께 아침식사를 하고 이사야서를 공부하기 위해 나를 자기 집에 초대했다. 또 은퇴한 헬렌과 하딘 부부, 그리고 그들보다 연배가 많은 폴과 앨리스 부부도 나를 저녁식사에 초대해주었다. 교회 사람들이 정말 친절하고 따뜻하게 나를 품어주었다. 그곳 워싱턴 DC에는 믿지 않는 나의 대학 친구들이 몇 명 있었는데, 나는 점점 그들보다 교회에서 만난 이 새로운 친구들과 시간을 보냈고, 오히려 대학 친구들을 그 모임에 초대하려고 했다.

회중의 이러한 사랑과 헌신을 통해 나는 전혀 다른 유형의 삶을 엿보게 되었다. 이전의 나는 내 자신을 섬기며 살았는데, 저들은 하나님과 남을 섬기며 사는 사람들이었다. 나는 입만 열면 내 자랑과 비판을 일삼았는데, 저들의 입에서는 격려하는 말들이 흘러나왔다. 나는 철학책의 한 페이지처럼 하나님을 논했으나, 저들은 하나님을 잘 아는 사람으로서 하나님에 대해 이야기했다. 나는 주말에 파티를 즐기길 원했는데, 저들은 그리스도를 즐거워하길 원했다.

내가 이 회중 안에서 얻게 된 또 다른 것은 사회를 바라보는 전혀 다른 시각이었다. 워싱턴 DC는 1996년 11월에 있을 선거에 대한 이야기들로 소용돌이치고 있었고, 교인들 역시 그 주제를 놓고 자주 대화를 나눴다. 어떤 사람들은 자기 직장 상사가 하원의원 또는 상원의원에 출마해서 그 선거운동을 돕기 위해 몇 주 동안 자기 출신 지역의 선거구에 가 있기도 했다. 하지만 이들이 정치에 관한 이야기를 하는 것은 그저 그것이 '중요한 것'이기 때문이었다. 세상 사람들은 우리가 그것을 '궁극적인 것'으로 보길 원하지만, 교인들에게 정치는 그저 하나의 '관심사'일 뿐이었다. 비록 이 사회는 우리가 정치를 하나의 '우상'처럼 숭배하길 바랐지만 말이다.

다시 말해서 그 교회 안에서 목격했던, 정치적 이슈를 대하는 전반적인 모습은, 광적이라기보다는 좀 더 차분하고 서로를 존중하는 분위기가 더 많았다. 그들은 영원불변의 정의 같은 참된 궁극의 것이 어디서 오는지에 대한 생각이 일치하기 때문에, 정의를 이루는 가장 좋은 정치적 전략과 같은 중요한 것들에 대해서는 서로를 사랑하는 마음 안에서 의견을 달리할 수도 있었다.

전통적인 세대 간 간극도 적었다. 당시 나는 20대 초반의 미혼 남성이었지만 시간이 지나면서 70대 노부부들이나 80대 미망인들과 저녁 시간을 보내는 경우가 더 많아졌다. 또한 그 교회에서 처음으로 10대 청소년들과 의미 있고 깊이 있는 우정을 경험하기도 했다.

한마디로 하나님의 도성은 비록 이 세상 사람들의 사회, 문화적 행보에 일정 부분 동참하기는 하더라도, 근본적으로 전혀 다른 박자에 발맞추어 나아가는 곳임을 배우게 되었다.

그 당시의 나에게 누군가 "교회는 무엇인가?"라고 물었다면, 제대로 된 답변을 하지는 못했을 것이다. 하지만 내 마음속에는 설교와 사람들, 즉 복음의 메시지와 복음으로 형성된 모임이라는 이 두 가지 개념이 두드러지게 자라나고 있었다. 내가 아는 한, 교회는 하나님의 말씀을 통해 빚어진 사람들의 모임이었다. 그들은 전혀 다른 종류의 사람으로 변화되어 함께 살아가기 시작하는데, 세상 '안에서' 살아가기는 하지만 세상에 '속하지는 않은' 사람들이다.

올바른 이해가 중요한 이유 - 천국과 같은 삶

다시 당신의 이야기를 해보자. 당신은 교회를 무엇이라고 말하겠는가? 우리가 이 질문에 대해 진지하게 생각해보지 않는다면, 하나님이 그분의 가족을 통해 우리에게 주고자 하시는 귀한 은혜들을 상실할 우려가 있다. 교회가 무엇인지에 대한 '이해'가 결국 당신의 '삶'과 '생활'을 형성할 것이기 때문이다.

예를 들어, 요즘 사람들은 교회의 교인이 되는 것을 마치 어떤 동호회에 가입하는 것처럼 생각한다. 또는 "교회에 가는 것"을 어떤 건물에 가는 것으로 생각하거나, "교회를 좋아하는 것"을 마치 무슨 공연을 보고 즐기는 것처럼 생각한다. 교회에 대한 이런 생각들의 이면에는 어떤 전제가 깔려 있는가? 나아가 이러한 전제들은 우리의 교회 생활에 어떤 영향을 미치는가? 모르긴 해도 아마 그런 생각들의 영향을 받으면, 일주일에 한 시간 정도만 교회에 대해 생각하면 충분하고, 그 외에는 완전히 잊고 살아도 되는 것으로 여기기 십상이다.

"하지만 잠시 멈추고", 성경에서는 뭐라고 말씀하는지 들어보자. "교회는 하나님의 가족들의 모임gathering이자 교제이고, 그리스도의 몸이고, 성령의 전이다." 따라서 만약 우리가 교회에 가는 것을 별생각 없이 어떤 동호회나 건물에 가는 것, 아니면 어떤 공연을 보러 가는 것 정도로 여기는 일을 멈추지 않는다면, 우리는 하나님이 우리에게 가져다주실 엄청난 양의 축복을 잃어버리게 될 것이다.

이 책의 목적은 당신이 교회를 재발견하도록 돕는 것이다. 그리고 그렇게 함으로써 당신이 교회가 무엇인지를 바로 이해하고, 하나님의 가족 안에서 형제와 자매로 살아감으로써 풍성함을 누리게 하는 것이다. 그리스도의 몸의 일부로서 다른 지체들과 연합하여 살아갈 때 우리는 기쁨을 얻고, 지금 이 땅 위에 하나님의 거룩한 성전을 세우는 하나의 벽돌이 되어 세상의 문화를 거슬러 살아갈 힘을 얻는다. 우리는 당신 자신은 물론 주변의 믿지 않는 친구와 이웃을 위해 당신이 이 모든 유익과 축복을 경험하기를 바란다.

믿지 않는 당신의 친구들에게 가장 필요한 것은 그저 복음의 메시지 선포만이 아니라 그 안에 담긴 진리를 몸소 증거하는 복음의 공동체이다. 그들이 당신이 속한 교회의 삶을 보고 이렇게 말할 수 있어야 한다. "정말로 하나님은 사람을 변화시키시는구나. 여기 이 교회 안에서 정말로 공의롭고 의로운 도성을 만들어 가시는구나"(고전 14:25; 히 11:10을 보라).

한 번 생각해보라. 미국의 정치 지도자들은 오랫동안 미국을 '산 위에 있는 동네'라고 불렀다. 그런데 교회를 재발견하는 것은 우리의 교회가(우리가 미국에 살든 다른 어떤 나라에 살든) 그와 같은 '산 위에 있는 동네'가 되어야 함을 재발견하는 것도 포함한다. 이것이야말로 문화적, 정치적 격동의 시기를 사는 우리 신자들과 불신자 모두에게 가장 필요한 일이다.

천국은 현존하는 어떤 국가를 통해 이 땅에 임하지 않는다. 하나님이 고대 이스라엘의 성전에 임재하셨던 때부터 지금까지 천국은 이 땅의 어떤 국가 안에서 임한 적이 없다.

그런데 참으로 놀랍고 경이로운 것은 우리가 재발견했으면 하는 그 교회가 바로 천국이 이 땅과 맞닿아 있는 곳이라는 사실이다.

- 천국이 가까이 왔느니라(마 4장).
- 하나님의 뜻이 하늘에서 이루어진 것 같이 땅에서도 이루어질 것이다(마 6장).
- 이곳에 우리가 천국의 보물을 쌓는다(마 6장).
- 우리가 땅에서 매고 풀면 하늘에서도 매고 풀린다(마 16장, 18장).
- 우리가 하늘의 성전이다(고전 3장; 벧전 2장).

천국은 교회를 통해 이 땅에 임한다. 그때 당신이 살고 있는 나라의 국민들은 그 나라가 더 나은 나라가 되리라는 희망을 얻고, 당신이 살고 있는 도시의 시민들은 그 도시가 더 나은 도시가 되리라는 희망을 얻게 될 것이다.

당신이 미국인이든 아니든, 소수 인종에 속하든 다수 인종에 속하든, 혹은 부자이든 가난하든 간에, 정의롭고 평화로운 사회를 이룩함으로써 당면한 현실의 문제가 해결되기를 바란다면 이 세상 왕국을 통해 그러한 소망을 이루고자 해서는 안 된다. 우리는 그 일을 오직 왕이신 분께 친히 맡겨드려야 한다. 그 왕께서 자신의 하늘 왕국을 건설하기 위한 전초 기지로 세우신 것이 바로 지역 교회이다.

교회는 무엇인가?

교회는 무엇인가? 성경은 이 질문에 대한 답으로 하나님의 집과 권속, 그리스도의 몸, 성령의 전, 진리의 기둥과 터, 그리스도의 신부, 그리스도의 양 떼 등 다양한 비유를 들고 있다. 그 모든 비유 하나하나에 당신의 교회의 경이로운 현실들이 담겨 있다. 세상에서는 교회와 같은 기관이나 단체, 혹은 사람들을 찾아볼 수 없기 때문에 우리는 이 모든 비유들을 필요로 한다. 서론에서 어떤 부부에 대해 이야기했는데, 이 책 전반에 걸쳐 그들을 계속 언급할 것이다.

앞으로 이 책을 통해 전개해 나갈 교회의 신학적 정의는 다음과 같다.

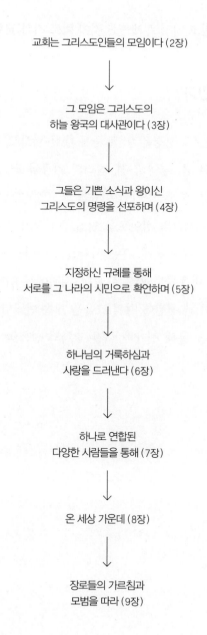

교회는 그리스도인들의 모임이다 (2장)

그 모임은 그리스도의
하늘 왕국의 대사관이다 (3장)

그들은 기쁜 소식과 왕이신
그리스도의 명령을 선포하며 (4장)

지정하신 규례를 통해
서로를 그 나라의 시민으로 확언하며 (5장)

하나님의 거룩하심과
사랑을 드러낸다 (6장)

하나로 연합된
다양한 사람들을 통해 (7장)

온 세상 가운데 (8장)

장로들의 가르침과
모범을 따라 (9장)

드디어 교인이 되다

워싱턴 DC로 이사하고 나서 한두 달 정도 지났을 때, 새로 사귄 친구 하나가 나에게 자기 교회의 교인이 되어 보라고 권했다. 사실 그 친구는 내게 거처를 그 교회가 운영하는 남성 숙소로 옮겨보라고 권했는데, 그 숙소는 교회의 교인만 들어갈 수 있었다. 그 숙소는 누구나 한 번쯤 살고 싶어 하는 국회의사당 인근의 멋진 주택이었고, 집세도 저렴했다. 그래서 나는 이렇게 말했다. "좋지! 교인 되는 게 뭐 어렵나. 등록하는 방법이나 알려줘."

나는 돈을 좀 아껴볼 심산이었으나, 하나님은 더 좋은 것을 주시고자 했다.

교인이 되는 절차는 몇 번의 새 가족 교육을 받은 후에 마크 목사와 면담을 갖는 것이었다. 교회에서 자란 내게 정답을 맞추는 일 정도는 어렵지 않았다. 그 후 회중은 투표를 통해 1996년 11월에 나를 정식 교인으로 받기로 결정했다.

그 당시의 나에게 누군가 교회는 무엇이냐고 물었다면, 아마 내 대답은 모호하고 원론적인 수준에 그쳤을 것이다. 한 번은 마크 목사와 점심을 먹고 걸어오는 길에 왜 우리 교회는 "침례교"를 고집하느냐는 질문을 해서 마크를 곤란하게 했던 기억이 난다. 스물세 살의 나는 그런 식의 질문으로 싸움을 걸어보려 했다.

솔직히 말해서 첫해에는 양다리를 걸치고 있었다. 토요일 밤에는 믿지 않는 친구들과 파티를 하고, 일요일 아침에는 교회에 갔다. 마치 한 번에 두 마리 말 위에 서 있으려는 것과 같았다. 하지만 그렇게 는 오래갈 수 없다는 것을 누구나 잘 알 것이다.

그러나 그런 내게도 하나님이 은혜를 베푸셨다. 하나님은 조금씩 조금씩 나의 소욕을 바꾸어주셨고, 나는 비로소 한 마리 말 위에 두 발을 모두 올려놓기 시작했다. 내 안에 회개가 일어나기 시작했고 예 수님을 나의 구원자와 주님으로 바라보기 시작했다. 그러자 성경이 재미있어졌고, 믿는 친구들이 소중해졌다. 시간이 흐를수록 죄짓는 일이 어리석고 혐오스럽게 느껴졌다.

회개는 나의 젊은 시절의 죄들(청소년부 목회자가 고등학생들에게 경계시키는 그런 죄들)을 내어 버리는 것을 포함했다.

그런데 성경적인 회개에는 집단적인 측면도 있다. 내 경우에 그것 은 어디에도 소속되지 않고 독자적으로 살아가는 개인적인 삶을 포 기하고, 교회 가족의 일원이 되어 그 가족에 대한 책임을 짊어지는 것을 뜻했다. 또한 다른 그리스도인들을 나의 삶 속으로 초청하고, 그들과 함께 이야기하는 가운데 부끄럽지만 죄를 고백하고 연약함을 인정하는 것을 의미했다. 그리고 연장자들을 찾아가 그들에게서 제 자도를 배우고, 젊은 사람들에게는 그러한 것을 전수해주는 것을 의 미했다. 그로써 나는 새 신자들이나 도움이 필요한 사람들에게 손 대 접을 베풀 수 있게 되었고, 다른 이들과 함께 기뻐하고 함께 고난을 나누는 훈련을 할 수 있었다.

다른 말로 표현해보자면 회개는 언제나 사랑을 수반한다. 예수님 이 말씀하셨다. "새 계명을 너희에게 주노니 서로 사랑하라 내가 너희를 사랑한 것 같이 너희도 서로 사랑하라 너희가 서로 사랑하면 이로써 모든 사람이 너희가 내 제자인 줄 알리라"(요 13:34-35).

여기서 주목할 점이 있다. 예수님은 우리가 '불신자들을' 사랑하면, 그들이 우리가 예수님의 제자인 줄 알 것이라고 말씀하지 않으셨다. 물론 그 말 자체도 맞지만 예수님이 하신 말씀은 우리가 **서로 사랑하면** 저들이 우리가 예수님의 제자인지 알게 된다고 하셨다. 참 재미있는 말씀 아닌가? 어떻게 그것이 가능할까?

자, 그 사랑이 어떤 사랑인지 다시 한 번 보라. "내가 너희를 사랑한 것 같이…" 예수님이 우리를 어떻게 사랑하셨는가? 그분은 우리의 죄를 담당하시고, 자신을 희생하시고, 은혜를 베푸심으로써 우리를 사랑하셨다. "우리가 아직 죄인 되었을 때에 그리스도께서 우리를 위하여 죽으심으로 하나님께서 우리에 대한 자기의 사랑을 확증하셨느니라"(롬 5:8).

교회는 무엇인가? 교회는 우리에 대한 그리스도의 이 사랑을 알고, 이제 그와 같이 서로를 사랑하는 사람들의 모임이다. 바로 이 사랑으로 마크 목사, 댄, 헬렌과 하딘 부부, 폴과 앨리스 부부가 두 마리 말에 양다리를 걸치고 있던 스물세 살짜리 나를 사랑했던 것이다.

사실 이 사랑은 지금도 우리 교회 교인들이 콜린과 나에게 베풀고 있는 사랑이다. 바로 용서하고 용납하며 오래 참는 사랑이다. 그래서 우리도 동일한 사랑으로 그들을 사랑하기 위해 애쓰고 있다.

바로 이 사랑을 우리는 교회 밖 세상 속의 믿지 않는 사람들에게 말로만이 아니라 우리가 함께 살아가는 삶을 통해 전하고 증거해야 한다. 그렇게 함으로써 저들에게서 "우리도 그런 사랑을 좀 받아보길 원해요! 우리도 함께할 수 있을까요?"라는 말이 나오게 해야 한다.

그때 우리는 이렇게 말할 것이다. "친구여, 이런 사랑이 어디서 오는지 먼저 알려드려도 될까요?"

추천 도서

Dever, Mark. *The Church: The Gospel Made Visible*. Wheaton, IL: Crossway, 2012.

Hill, Megan. *A Place to Belong: Learning to Love the Local Church*. Wheaton, IL: Crossway, 2020.

교회는 그리스도인들의 모임이다

↓

그 모임은 그리스도의
하늘 왕국의 대사관이다

↓

그들은 기쁜 소식과 왕이신
그리스도의 명령을 선포하며

↓

지정하신 규례를 통해
서로를 그 나라의 시민으로 확언하며

↓

하나님의 거룩하심과
사랑을 드러낸다

↓

하나로 연합된
다양한 사람들을 통해

↓

온 세상 가운데

↓

장로들의 가르침과
모범을 따라

2장

누가 교회에 소속될 수 있는가?

콜린 핸슨

내가 어렸을 때 우리 가족은 종종 교회에 가곤 했는데, 매주 갔던 것은 아니었다. 교회 출석은 우리 가족의 삶에서 그다지 중요한 부분이 아니었다. 우리가 교회에 갈 때마다 사람들이 저번 주 또는 그 전 주에는 왜 안 왔는지 궁금해하며 우리를 판단하는 것 같았다. 아마 그랬을 수도 있고, 아닐 수도 있다. 다른 사람들도 매주일 꼬박꼬박 교회에 온 것은 아니었으니 말이다. 가족과 함께 예배당 뒷자리에 앉아 있던 나는 진화론과 공룡에 대해 궁금한 것이 많았다. 그래서 나는 어른이 되면 교회를 구세대의 어리석은 망상으로 치부하며 떠날 거라고 결론 내렸다.

나는 예수님과 교회에 대해 열광하는 다른 십 대 아이들을 봤을 때 매우 놀랐다. 난 그런 일은 있을 수 없다고 생각했다. 교회를 즐거워

한다는 것은 어딘가 좀 이상한 아싸들이나 할 일이라고 여겼기 때문이다. 그런데 내가 목격한 십 대들은 행복해 보였다. 반면에 나는 그다지 행복하지 않았다. 또한 그들은 나와 달리 삶의 목적과 희망을 갖고 있는 것 같아 보였다. 그래서 나도 그들과 함께 교회 수련회 정도는 참석하려고 했다. 나는 도대체 무엇이 저 십 대들을 그토록 기쁘게 하는 것인지 이해하려고 안간힘을 썼다.

그런데 한 수련회에서 그 이유를 분명히 알게 되었다. 예수님을 믿지 않으면 우리는 정죄함 가운데 살아갈 수밖에 없고, 하나님으로부터 단절된 삶을 살 수밖에 없다. 그러나 예수님이 십자가에서 죽으심으로 우리의 희생제물이 되셨기 때문에, 우리가 회개하면 곧 죄에서 돌아서면 용서함을 받을 수 있다. 또한 예수님이 죽음에서 부활하셨기 때문에, 우리는 영원토록 성부, 성자, 성령 삼위 하나님과의 화목과 교제를 누릴 수 있다.

전에도 교회에서 그런 메시지를 들은 적이 있었는지는 잘 모르겠다. 설사 들었다 해도 그 수련회 때만큼 그렇게 충격적으로 다가오지는 않았을 것이다. 나는 달라졌다. 나는 회심한 것이다. 우리 가족과 친구들은 나의 변화를 즉시 알아챘다. 내 안에 있는 기쁨과 자유와 소망을 감지한 것이다. 나의 경험을 통해 그들 중에서도 많은 사람이 믿음을 갖게 되었다.

그 후에 나는 침례를 받고 교인이 되었다. 이런 일을 겪고 나니 내가 어렸을 때 교회에 대해서 그리 부정적이었던 이유를 알 수 있었다. 그것은 내가 아직 회심하지 않았었기 때문이다. 우리 가족은 의무적 예배 출석 정도는 받아들였지만 전심으로 참여하는 것까지는 바라지 않았다. 나는 교회를 재발견해야 했으며, 누가 교회에 소속될 수 있는지, 누가 교인 등록에 적합한 자격을 갖춘 자인지에 대한 답을 스스로 찾아야만 했다.

그러면 누가 교인이 될 수 있는가? 세례(또는 침례) 받은 그리스도인이다. 거듭났으며 세례(또는 침례)를 통해 신자로 식별되는 사람이다. 물론 유아세례를 인정하는 사람들은 신자의 자녀도 유아세례를 통해 교회의 교인(비수찬교인 혹은 성찬에 참여할 수 없는 교인)이 될 수 있다고 말할 것이다. 그렇다 해도 성인의 경우에는 반드시 거듭나고 세례(또는 침례)를 받아야만 교인이 될 수 있다는 점에 대해서는 이견이 없다. 세례에 대해서는 5장에서 다룰 것이니 여기서는 회심에 대해 생각해보자. 그리고 회심이 교회 재발견에 얼마나 중요한 의미를 갖는지 생각해보자.

휴일에 들이닥치기

아마도 아주 오랫동안 교회에 다닌 분들은 교회를 처음 방문하는 사람들이 느끼는 어색함에 대해 잘 모를 것이다. 교회에 대한 문외한에게는 그저 교회 건물 안에서 왔다 갔다 하는 것만도 용기가 필요한 일이다. 어디로 가야 하는지, 무슨 말을 해야 하는지, 들어가도 되는 곳인지, 만나기로 한 사람은 있는지, 어떤 옷을 입어야 하는지 등 모르는 것 투성이다. 그뿐 아니라 코로나19 때문에 예배는 온라인으로 행해지는지 현장에서 행해지는지, 실외에서 거행되는지 실내에서 거행되는지, 마스크는 꼭 써야 하는지 아니면 벗어도 되는지, 백신 접종 여부는 상관있는지 등 물어봐야 할 질문들이 넘쳐난다.

교회에 처음 오는 사람에겐 알 수 없는 용어들도 많다. 교회 밖에서 '축도'라는 말을 들어본 적 있는가? 교회용 장의자에는 또 어디 가서 앉아보겠는가? 음악도 익숙하지 않다. 요즘은 오르간에 맞춰 노래를 부를 수 있는 곳은 교회하고 리글리 필드밖에 없다(미국의 일리노이주 시카고 북쪽에 위치한 야구장으로서 시카고 컵스 팀의 홈구장이다. 이 구장에서는 1941년 4월 26일 메이저리그 야구장 중에서는 처음으로 오르간 음악을 실황으로 연주하였다. 현재는 많은 구장들이 라이브보다는 녹음된 음악을 사용하고 있지만 리글리 필드는 여전히 라이브로 오르간 음악을 연주하고 있다.―역자주). 우리는 30년 전에 불렀던 것과 똑같은 노래를 부르면서 그것을 "현대 기독교 음악CCM"이라고 지칭한다. 하지만 라디오에서는 그런 것들을 "흘러간 옛 노래"라고 지칭한다. 어떨 때는 냄새도 참 색다르다. 눅눅한 카펫 냄새, 싸구려 커피향, 헤어 스프레이나 꺼진 촛불 냄새 같은 것들은 유리병에 담아서 노스탤지어 굿즈로 팔아도 될 판이다.

교회에 대한 이런 갖가지 궁금증들에 대한 답을 찾았다면 축하할 일이다. 하지만 그 답들도 교회에 따라 제각각 다 다르다는 것을 머지않아 알게 될 것이다. 침례교, 로마 가톨릭, 감리교, 장로교, 그리고 성공회는 뭐가 다른 걸까? 같은 침례교라 해도 미국에 있는 교회와 우간다에 있는 교회는 그 모습이나 소리, 혹은 느낌이 똑같지는 않을 것이다.

한 번은 이탈리아에 있는 오순절 교회에서 설교한 적이 있었다. 평소에 나는 설교를 30분 정도 하지만, 그때는 통역이 필요했기에 그 절반 정도만 준비했다. 그런데 설교를 마쳤는데도 사람들이 미동도 하지 않았다. 그때서야 나는 그곳에서는 설교를 보통 어느 정도 길이로 하는지 전혀 물어보지 않았다는 것을 깨달았다. 나중에야 그들이 나에게 한 시간 정도는 기대하고 있었다는 것을 알게 되었다. 그들은 아마 속았다는 느낌을 받았을 것이다. 이처럼 교회에 따라, 전통에 따라, 그리고 나라에 따라 그런 관례들은 다 다르다.

교회를 방문하는 것은 휴일에 다른 집에 무작정 쳐들어가는 것과 비슷하다. 성탄절 저녁 식사 시간 즈음에 남의 집 문을 불쑥 두드린다고 상상해보라. 집 안에 있는 사람들은 서로를 다 잘 알고 있고 또 서로 사랑하는 사람들이다. (적어도 성탄절에는 다들 그렇게 보이기 마련이다.) 하지만 당신은 낯선 사람이다. 그런데 사실은 그들이 당신을 그 파티에 초대했다고 생각해보자. 대중문화 덕분에 당신도 그런 자리가 어떤 곳인지 대충은 알고 있을 것이다. 음식도 있고 선물도 있을 것이다. 그러나 그들이 어떤 음식을 먹느냐는 것은 가족 안에서 대대로 전해 내려오는 전통에 따라 다를 것이다. 또한 선물을 어떤 방식으로, 그리고 누구에게 주느냐 하는 것도 가족들이 철칙처럼 지켜 온 어떤 방식이 있을 것이다. 거기서 만약 당신이 이상한 행동을 한다면 사람들의 끈끈한 분위기에 찬물을 끼얹고 말 것이다.

교회를 방문한다는 것이 딱 그런 느낌이다. 설사 그 교회가 당신의 방문과 등록을 두 팔 벌려 환영한다고 해도 말이다. 앞에서 교회를 영적인 가족에 비유했는데, 그것은 무엇을 의미하는 것일까? 한 가족의 식구가 되려면 그 안에서 태어나든지 아니면 입양되어야 한다. 그런데 실제로 성경은 이 두 가지 개념을 다 사용하여 회심이라는 개념에 대해 묘사한다. 누구도 자신이 선택해서 태어나거나 입양되지 않는 것처럼, 회심도 선택하지 않는다. 그러면 이제 교인이 되기 위해 필수적인 영적 출생과 입양에 대한 성경의 가르침을 살펴보도록 하자.

거듭나야만 함

영적인 출생이 무슨 말인지 잘 모르겠다 해도 걱정할 필요는 없다. 사실 가장 초기에 예수님을 따랐던 사람들 중 한 사람도 영적인 출생을 이해하지 못해서 예수님과 대화를 나누었는데, 결국 그것은 신약성경에서 가장 유명한 일화 중 하나로 남았다. 그의 이름은 니고데모였으며, 그 이야기는 요한복음 3장에 기록되어 있다. 그는 바리새인이었는데, 바리새인은 유대인들 중에서도 율법준수에 가장 열심이었던 사람들로서 율법의 해석과 관련해서 예수님과 자주 충돌했다. 당시 니고데모는 대낮에 예수님을 찾아갈 용기가 나지 않았다. 원수와 함께 있는 모습을 들킬까봐 두려웠기 때문이다. 그럼에도 니고데모는 예수님이 하신 일을 목격하였고 그 일을 부정할 수 없었다. 하나님으로부터 보냄을 받지 아니하고서는 물로 포도주를 만드신 그런 기적 같은 것은 절대 행할 수 없었을 것이기 때문이다. 하지만 그가 예수님께 어떤 질문을 채 하기도 전에 예수님은 그에게 다음과 같은 폭탄 선언을 하셨다. "진실로 진실로 네게 이르노니 사람이 거듭나지 아니하면 하나님의 나라를 볼 수 없느니라"(요 3:3).

뭣이 어쨌다고요? 니고데모는 이렇게 물을 수밖에 없었다. 아니 어떻게 그런 일이 있을 수 있습니까? 사람이 한 번 태어나면 다시 뱃속으로 기어들어갈 수는 없지 않습니까? 예수님은 그 질문에 정확히 답하시기보다는 다음과 같이 말씀하셨다. "진실로 진실로 네게 이르노니 사람이 물과 성령으로 나지 아니하면 하나님의 나라에 들어갈 수 없느니라"(요 3:5).

'교회에 와서 공예배에 참석할 수 있는 사람은 누구인가?'라는 질문에 대한 답은 '누구나!'이다. 그러나 '교회라는 이 영적 가족의 일원이 될 수 있는 사람은 누구인가?'라는 질문에 대한 답은 '오직 하나님 나라에 들어간 사람들, 예수님의 말씀에 따르면 오직 물과 성령으로 태어난 사람들, 즉 거듭나고 세례(또는 침례)를 받은 사람들'이다. 그런데 어떻게 그런 일이 일어나는가? 예수님은 어리둥절해 있는 니고데모에게 이렇게 설명해주셨다. "하나님이 세상을 이처럼 사랑하사 독생자를 주셨으니 이는 그를 믿는 자마다 멸망하지 않고 영생을 얻게 하려 하심이라"(요 3:16).

니고데모는 하나님의 율법, 일과 안식, 정한 음식과 부정한 음식, 여러 가지 동물 제사 조항들을 잘 지켜야 하나님 나라에 들어갈 수 있다는 답변을 기대했다. 하지만 예수님은 율법을 대단히 획기적이고 단순한 방식으로 요약해주셨다. '나를 믿으라. 그리하면 내 생명을

네게 주리라.'

예수님의 설명은 계속되었다. 그분이 십자가에서 죽으실 것인데, 이는 마치 그분의 패배처럼 보이지만 사실은 공의를 이루고 죄를 용서하기 위한 하나님의 계획이다. 그리고 예수님은 죽은 자들 가운데서 다시 살아나심으로써 이를 증명하셨다. 누구든지 예수님을 믿는 사람은 죽은 후에 예수님을 따라 천국으로 가게 된다. 이 세상이 끝날 때 그들의 몸도 부활하여 예수님이 다스리시는 하나님 나라에서 영생을 누리게 된다. 예수님을 믿는 사람은 누구나 죄에 대한 하나님의 심판으로부터 구원을 얻는다. 그러나 그분을 부인하는 사람은 그 불순종의 대가로 영원한 형벌을 당하게 된다(요 3:36).

후에 사도 바울은 그것을 이렇게 표현했다. "네가 만일 네 입으로 예수를 주로 시인하며 또 하나님께서 그를 죽은 자 가운데서 살리신 것을 네 마음에 믿으면 구원을 받으리라"(롬 10:9).

우리는 태어나면서부터 부모에게서 죄를 물려받는다. 이것은 아담과 하와가 저질렀던 최초의 반역에서부터 전해 내려온 것이다(창 3장). 그러므로 아무런 소망 없이 죽음을 맞이하지 않으려면 우리는 거듭나야만 한다. 영원한 사망과 창조주 하나님으로부터의 단절이라는 죄의 결과로부터 구원을 얻어야 하는 것이다. 하지만 처음 태어난 것도 우리가 원해서 태어난 것이 아닌 것처럼, 우리를 거듭나게 하시는 것도 오직 우리의 창조주께서만 하실 수 있다. "우리 주 예수 그리스도의 아버지 하나님을 찬송하리로다 그의 많으신 긍휼대로 예수 그리스도를 죽은 자 가운데서 부활하게 하심으로 말미암아 우리를 거듭나게 하사 산 소망이 있게 하시며"(벧전 1:3).

예수님을 믿는 믿음은 하나님이 주시는 선물이다(엡 2:8). 그리고 하나님은 구하는 자에게 기쁜 마음으로 선물을 주신다. 즉 자신의 죄를 회개하고 죄에서 돌이켜 오직 예수 그리스도만을 믿는 자에게 그 선물을 주신다. 사도들은 유대인뿐만 아니라 이방인들에게도 이 회개의 선물이 허락됨을 보고 하나님께 영광을 돌렸다(행 11:18). 하나님을 따르는 것은 다른 것을 전부 버리는 것을 뜻한다. 다시 태어난 우리는 전적으로 그분의 것이기 때문이다. 교회를 재발견하기 위해 가장 우선적으로 필요한 일은 우리가 모이는 이유를 깨닫고 기억하는 것이다. 우리는 우리를 죄와 사망에서 구원하신 성부, 성자, 성령 하나님을 예배하기 위해 모인다. 우리는 하나님의 구원을 찬송한다. 우리는 하나님의 구원을 가르친다. 그리고 세례(또는 침례)나 성찬(또는 주의 만찬)을 통해 구원의 진리를 눈으로 본다.

회심하지 않고 거듭나지 않는 자는 재발견할 교회가 없는 자이다. 예수님이 우리 죄를 위해 죽으셨다가 사흘째 되는 날 다시 살아나지 않으셨다면, 교회 안이라고 해서 바깥보다 더 나은 소망이 있을 리 만무하다.

자녀로 입양됨

몇 년 전에 나는 사랑하는 이들과 함께 교회에 관한 이야기를 했었다. 그들은 내가 열다섯 살 때 강력한 회심을 경험했던 일을 알고 있었다. 거듭난 이후, 내게 모든 것이 달라졌다. 성경과 기도를 통해 하나님을 알게 되었고, 그분을 찬양하는 일이 즐거웠다. 나는 내 친구들 모두에게 거듭나는 길을 알려주고 싶었다. 하지만 사랑하는 이들 중 몇몇은 노력도 해보았음에도 여전히 이해하지 못했다. 그럼에도 나와의 관계를 유지하고 싶었던 그들은 교회에 갈 때면 나에게 그 사실을 알려주곤 했다. 나는 그들이 단지 나의 마음을 맞춰주려 할 뿐, 그들에게는 교회가 아무런 의미가 없다는 것을 알고 있었다. 그래서 나는 그들에게 교회에 그만 가라고 말했다. 그들이 정말 기다렸던 말일 것이다! 이에 그들은 제각각 다른 일을 하며 일요일 아침을 보냈다. 나는 그저 그들이 노래하고 듣고 말하는 그 모든 것을 믿기 위해 노력하지 않는다면 교회에 출석하는 것 자체에 어떤 의미가 있는 것은 아니라는 사실을 알려주고 싶었을 뿐이다.

전도의 방법으로 "교회에 그만 나가라"는 말을 항상 쓰게 되는지는 잘 모르겠다. 하지만 이 경우에는 그것이 필요했었다. 왜냐하면 내가 사랑하는 이들이 다녔던 교회는 회심에 대해 분명하게 가르치지 않았기 때문이다. 그들은 결국 다른 목사를 만나게 되었고, 그분은 그들에게 예수님을 믿고 거듭나야 함을 알려주었다. 그들은 그 목사의 교회에 나가기 시작했고, 거기서 모두 세례(또는 침례)를 받았다. 그리고 어느덧 20년 가까이 그 영적 가족의 일원으로 살고 있다.

회심은 교회 안에서든 밖에서든 일어날 수 있다. 홀로 조용히 겪을 수도 있고 친구나 또래들과 함께 경험할 수도 있다. 그러나 그 결과는 언제나 교회와 연결되어야 한다. 성경이 우리의 회심을 입양으로 설명하는 부분에서 이와 같은 공동체적 측면을 볼 수 있다. 갈라디아서 4:4-5를 읽어보자. "때가 차매 하나님이 그 아들을 보내사 여자에게서 나게 하시고 율법 아래에 나게 하신 것은 율법 아래에 있는 자들을 속량하시고 우리로 아들의 명분을 얻게 하려 하심이라." 여기서 "아들"이라는 말은 고대 사회에서 특권을 물려받는 위치를 나타낸다. 이 약속은 예수님을 믿는 남성과 여성 모두에게 다 적용된다. 따라서 하나님이 당신을 입양하시는 것, 즉 그분의 아들에 대한 믿음을 선물로 주시는 것은 당신을 교회라는 영적인 가족 안으로 맞아들여 그 안에서 형제와 자매가 되게 하시는 것이다.

이렇게 생각해보자. 입양된 아이에게는 새로운 부모가 생긴다. 그뿐 아니라 새로운 형제나 자매가 생기기도 한다. 그래서 그 아이가 누군가의 아들이 되면, 또한 어떤 아이의 형제가 되기도 한다. 즉 전혀 다른 두 개의 관계가 새로 형성되는 것이다. 아들이 된 아이는 다른 형제나 자매들 사이에 한 자리를 차지하고, 함께 가족 사진을 찍는다. 아버지가 새로 가족이 된 아이를 가족들 사이에 두고 다 같이 가족 사진을 찍는 것, 이것이 바로 회심의 본질이다.

가족 사진에 대해 좀 더 자세히 살펴보자. "우리를 예정하사 자기의 아들들이 되게 하신"(엡 1:5) 아버지는 하나님이시다. 그분께서 영원 전에 모든 세대와 온 땅에서 이 가족을 모으셨다. 아버지의 보내심을 받고 우리를 죄와 사망의 종 된 상태에서 건져내어 그분의 가족이 되게 하신 분, 곧 우리의 형제 되시는 그 아들도 하나님이시다 (롬 8:15; 갈 4:4). 그리고 "우리의 영과 더불어 우리가 하나님의 자녀인 것을 증언하시는"(롬 8:16) 성령님도 하나님이시다. 그래서 입양한 가정의 가족 사진은 움직이는 모습을 연속으로 찍는 것과 같다. 성부, 성자, 성령의 삼위께서 우리를 위해 완전한 조화 가운데 함께 일하신다.

그러면 그 사진에서 우리는 어디에 있는가? 우리는 하나님의 자녀이므로 그리스도와 함께하는 상속자이다(롬 8:17; 갈 4:7). 즉 그분의 기업에 참여한다(엡 1:11, 14).

그 기업 안에는 무엇이 포함되어 있는가? 사도 바울은 골로새서 1장 16절에서 "만물이 다 그로 말미암고 그를 위하여 창조되었다"고 말한다. 당신의 너그러운 고모가 당신에게 많은 유산을 남겨 놓을 수도 있겠지만, 이 기업보다 나은 것은 없다.

가족이라고 해서 항상 같이 지내는 것은 아니지만, 한 가족이라는 강한 연대감은 어려운 시기를 이겨내는 힘이 된다. 그만큼 핏줄의 힘이 막강한 것이다. 교회도 마찬가지다. 우리는 회개와 믿음으로 하나님과 화목을 이루었기 때문에, 우리 서로 간에도 화목을 이룬 것이다. 그리스도의 피의 막강한 힘을 통해 초대 교회는 이방인과 유대인 사이의 분열을 뛰어넘을 수 있었다. 그 당시 교회의 분열상은 지금보다 훨씬 극심했다. 하지만 유대인과 이방인이 함께 복음을 믿을 때 회심이 어떤 기적을 일으키는지 보라.

"그러므로 이제부터 너희는 외인도 아니요 나그네도 아니요 오직 성도들과 동일한 시민이요 하나님의 권속이라 너희는 사도들과 선지자들의 터

위에 세우심을 입은 자라 그리스도 예수께서 친히 모퉁잇돌이 되셨느니라 그의 안에서 건물마다 서로 연결하여 주 안에서 성전이 되어 가고 너희도 성령 안에서 하나님이 거하실 처소가 되기 위하여 그리스도 예수 안에서 함께 지어져 가느니라"(엡 2:19-22).

한 교회가 회심의 기쁨 안에서 함께 즐거워할 때, 신자들은 그들을 여전히 분열시키는 것이 무엇인지에 대한 통찰을 얻게 된다. 하나님의 거룩한 성전은 그렇게 쉽게 분열되지 않는다.

따로 떼어 놓음

내가 교회의 장로로서 감당하는 직무 중에 최고로 여기며 즐겁게 임하는 것은 새로 교인이 되고자 하는 사람들을 면담하는 일이다. 지난 5년여의 기간 동안 나와 동료 장로들은 천 명 이상의 새로운 교인들을 맞이했다. 그 말은 그간 수많은 회심 스토리를 들었다는 뜻이다. 내가 교인이 되려고 하는 이들을 만나서 면담하는 일은 그들을 심문하는 것이 아니다. 다만 그들이 회심을 경험했는지, 그리고 그리스도인이 되고자 하는 다른 누군가에게 그것을 설명할 수 있는지를 확인하고자 하는 것이다.

그들의 이야기를 들어보면 가족이나 교회, 혹은 청소년부 시절에 받은 영향들이 하나같이 독특하다. 매우 악한 죄에 빠졌던 사람들도 있지만 대부분은 그렇지 않았다. 아주 드물긴 해도 일생 동안 단 한 번도 교회를 떠난 적이 없는 사람도 있다. 대개의 경우 사람들의 신앙은 그들이 자라난 가정에서의 모습과 정확히 일치해 보이지는 않는다. 이처럼 사람들이 어떻게 거듭나게 되었는지, 즉 하나님이 그들을 입양하시기 위해 어떤 일을 행하셨는지 듣는 것은 참으로 즐거운 일이다. 전혀 지겹지 않다.

때로는 교회의 일원이 되고 싶어는 하지만 누가 봐도 거듭나지 않은 사람을 만날 때도 있다. 간혹 그런 분들에게 기쁜 소식, 즉 예수님의 복음에 대해 설명해보라고 요청하는데, 차라리 여섯 살짜리 내 아들에게 아인슈타인의 상대성 이론을 설명하라고 하는 편이 더 나을 정도이다. 그런 분들은 그저 멍하니 허공만 바라볼 뿐이다. 또 많은 이들이 교회, 도덕성, 시련 등에 대해 늘어놓지만, 정작 죄와 예수님이 베푸시는 구원의 은혜에 대해서는 아무 말도 하지 못하는 경우가 허다하다. 그런 사람들은 사망에서 생명으로, 심판에서 부활로 옮겨지지 않은 것이다.

내가 살고 있는 이 지역에서는 교회에서 회심하지 않은 사람들을 교인으로 받는 일이 꽤 흔하다. 심지어 대부분의 사람들은 그게 왜 문제인지조차 이해하지 못한다. 그러나 성경은 하나님의 백성을 세상으로부터 구별하는 변화가 곧 회심이라고 말씀한다. 그것은 영원을 바꾸는 경험이다. 구약성경의 저자들이 이따금씩 "새 언약"이라는 말로 칭했던 것이 바로 이것이다. 예레미야 선지자는 하나님의 말씀을 전하며 이스라엘에게 다음과 같이 약속했다. "내가 나의 법을 그들의 속에 두며 그들의 마음에 기록하여 나는 그들의 하나님이 되고 그들은 내 백성이 될 것이라"(렘 31:33). 이후에 에스겔 선지자 역시 하나님의 말씀을 전하는 과정에서 훗날 예수님이 니고데모에게 하실 말씀과 일맥상통하는 예언을 남겼다. "또 새 영을 너희 속에 두고 새 마음을 너희에게 주되 너희 육신에서 굳은 마음을 제거하고 부드러운 마음을 줄 것이며 또 내 영을 너희 속에 두어 너희로 내 율례를 행하게 하리니 너희가 내 규례를 지켜 행할지라"(겔 36:26-27).

이들 본문에서 묘사하는 교회의 모습은 사람들이 '적당히' 착하게 살려고 노력하거나, '적당히' 서로 돕기 위해 노력하는 것과는 전혀 다른 모습이다. 그렇다. 새 언약은 우리의 마음속 깊은 곳까지 침투한다. 그로 인해 근본적인 변화가 일어나며, 과거의 삶에서 돌이켜 그리스도를 향해 나아가게 된다. 또한 성령님의 능력으로 새로워진 마음에 새겨진 하나님의 법에 순종하게 된다.

교회 안에 있는 모든 사람의 참된 영적 상태를 파악하거나 마음속 깊은 곳의 신념까지 다 알 수는 없다. 하지만 그렇다고 해서 성경에서 말하는 교회의 설계도, 즉 교회의 지향점과 우리의 실천사항들이 달라지는 것은 아니다. 당신이 거듭났다면, 당신이 죄를 회개했고 예수님을 믿는다면, 당신은 교회에 소속될 수 있다. 하지만 내가 어릴 때 그랬던 것처럼 분명한 이해나 목적의식이 없는 채로, 나중에 교회를 떠날 생각을 하면서 단지 의무감으로 교회에 정착할 필요는 없다. 회심했다면 당신은 예배하지 않을 수 없다. 당신은 예수님 안에서 다른 신자들과 함께 모이고 예배하는 일을 고대한다.

다음 장에서는 모이는 것에 관해 이야기하겠다.

추천 도서

Keller, Timothy. *Prodigal God: Recovering the Heart of the Christian Faith*. New York: Viking, 2008.《마르지 않는 사랑의 샘》베가북스 역간.

Lawrence, Michael. *Conversion: How God Creates a People*. Wheaton, IL: Crossway, 2017.

교회는 그리스도인들의 모임이다

↓

**그 모임은 그리스도의
하늘 왕국의 대사관이다**

↓

그들은 기쁜 소식과 왕이신
그리스도의 명령을 선포하며

↓

지정하신 규례를 통해
서로를 그 나라의 시민으로 확언하며

↓

하나님의 거룩하심과
사랑을 드러낸다

↓

하나로 연합된
다양한 사람들을 통해

↓

온 세상 가운데

↓

장로들의 가르침과
모범을 따라

3장

꼭 모여야 할 필요가 있는가?

조너선 리먼

세상 여기저기서 정치적 시위에 관한 소식들이 갈수록 더 많이 들려 온다. 하나의 정치적인 목적하에 무리 지어 행진하는 수천 명의 사람들은 큰 관심을 끈다. 기자들이 몰려들어 카메라를 들이대고, 정치인들은 인터뷰를 한다. 사람들은 집에서 스마트폰을 들여다보며 이런저런 기사들을 끊임없이 클릭한다. 그러고 나서 몇 주 정도 지나면 국회에서 새로운 법이 통과되기도 하고, 정부 기관은 새로운 정책을 실행하기도 한다. 첫술에 배부를 수는 없겠지만, 이렇게 함으로써 국민적 의식이 조금씩 변화를 겪기도 한다.

사람들의 모임에는 힘이 있다. 그 힘은 단지 그들이 모여서 무엇을 하느냐에만 달려 있지 않고, 그 모임을 통해 그 집단이 어떤 모습으로 '발전해 가느냐'에 달려 있다. 그 집단을 이루는 사람들은 하나의 운동으로 발전할 수 있는데, 바로 거기에 힘이 있다. 결과야 좋을 수도 있고 나쁠 수도 있지만, 세상에서 일어나는 변화는 그러한 힘에서 시작하는 것이다. 전체는 부분들의 단순 합 그 이상이다.

군중심리에 관한 학문적 저술들이 존재한다. 사람들은 소원 또는 불만을 갖고 하나둘씩 모여들고, 카리스마 있는 연사는 그들의 요구 사항이나 불만을 확언한다. 주변에 있는 사람들이 고개를 끄덕이고, 이내 동의의 함성이 들려온다. 모인 사람들은 자신이 더 이상 혼자가 아님을 알게 되고, 그러면서 그들의 요구는 커져 간다. 세우든 허물든 자신들의 뜻을 이루기 위해 행동에 나서기도 한다.

군중들의 회집에 힘이 있는 이유는 무엇인가? 그것은 당신이 바로 '그 자리에' 있다는 사실 때문이다. 거기서 당신은 직접 보고, 듣고, 느낀다. 화면으로 볼 때는 당신의 몸이 화면 속 그 장소에 없지만, 실제로 모일 때는 현장의 한복판에 자리한다. 그것은 당신의 현실을 총체적으로 정의한다. 하나님은 우리를 영혼과 육체로 지으셨을 뿐만 아니라 그 둘을 신비한 방식으로 연합시키셔서, 육체가 무언가로부터 영향을 받으면 영혼도 영향을 받도록 하셨다. 사람들이 모인 곳에서 우리는 그들이 무엇을 사랑하고 증오하는지, 그리고 무엇을 두려워하고 무엇을 믿는지를 직접적으로 경험하며, 이를 통해 '정상적인 것'과 '올바른 것'에 대한 우리의 생각이 비교적 쉽게 바뀌기도 한다. 군중의 사랑과 증오, 혹은 믿음이 우리 것이 된다. 이는 놀라운 일이 아니다. 하나님이 우리를 **"형상화하는"**imaging 피조물로 만드셨기 때문이다(창 1:26-28을 보라). 하나님은 우리가 그분의 의로움을 형상화하도록 우리를 창조하셨지만, 우리는 다른 것을 형상화하는 것을 택했다. 문화는 이렇게 형성된다. 우리는 우리 주변에 있는 사람들을 형상화하거나 흉내 내거나 그대로 따라한다. 좋은 방식으로 그렇게 할 때도 있고 나쁜 방식으로 그렇게 할 때도 있다. 그리고 사람들이 모이면 그 과정은 더욱 가속화된다.

하지만 모임의 힘은 그 안에 있는 사람들에게만 강력하게 미치는 것이 아니다. 바깥에 있는 사람들에게도 그 영향을 미친다. 아마 당신은 공원을 걷다가 사람들이 모여 있어서 무슨 일인가 싶어 그쪽으로 고개를 돌려 바라본 적이 있을 것이다. 무슨 일이 있는지 궁금했기 때문이다. 사람들 뒤로 다가가 슬쩍 그 안을 들여다봤을 수도 있다. 왜 그랬을까? 무언가 놓치고 싶지 않은 일, 중요하거나 신나는 일이 일어나고 있는 것은 아닌지 궁금했기 때문이다.

혹은 스마트폰에 어떤 집회에 대한 새로운 알림이 뜬 것을 보고 '우와, 이거 대단한데.'라고 생각하며 그 링크를 클릭하기도 한다.

사람들의 모임은 삶을 바꾸고, 문화를 바꾸며, 세상을 바꾼다. 모임에는 참으로 힘이 있다.

교회는 사람들이 모여 이루는 모임이다

정치적 시위와 마찬가지로 교회의 모임도 사람들에게 영향을 미친다. 우리 각자에게 개별적으로 영향을 미치기도 하고, 집단적으로 하나의 문화나 힘, 혹은 운동을 형성하기도 한다. 이를 통해 우리는 하나님의 도성으로 빚어져 간다. 또한 사람들의 시위처럼 교회의 모임도 온 세상 앞에 눈에 보이는 자신의 증언testimony을 내어놓는다. 우리가 천국의 시민이라는 것을 세상을 향해 외치는 셈이다. 그때 세상 사람들은 '저기서 무슨 일이 일어나고 있지?'라고 궁금해할 것이다.

친구 중에 한 목사는, 최근 코로나19로 인한 봉쇄가 풀렸을 때 그의 교회는 교회의 모임의 심오한 "영적" 성질을 새롭게 발견하게 되었다고 말했다. 여기서 그는 "영적"이란 단어를 사용했다. 그렇다. 우리의 모임은 영적이다. 그러나 아이러니하게도 우리의 모임은 부분적으로만 영적이다. 왜냐하면 그것은 육신을 가진 사람의 실제적인 모임이기 때문이다.

하나님은 언제나 그분의 백성이 그분과 함께하는 자리에 실제로 모이기를 바라신다. 그래서 아담과 하와를 육신을 가진 존재로 창조하셨고, 그들과 함께 에덴 동산을 거니셨다. 또한 그들이 죄를 지었을 때 하나님은 그들을 자신이 계신 곳 밖으로 쫓아내셨다.

그 후에 하나님은 이스라엘 백성을 약속의 땅에 모으시고, 하나님이 거하시는 성막에 정기적으로 모이라고 명령하셨다(예컨대, 신 16:16; 31:10-12, 30). 그런데 그들은 다시금 죄를 지었고, 하나님은 그들을 그 땅에서 쫓아내셨다.

하나님은 자기 백성과 함께 모이는 것을 바라신다. 그 사실에 대한 가장 뚜렷한 증거는 아마도 성육신일 것이다. 하나님의 아들께서는 사람의 몸을 취하셨다. 하나님과 함께 계셨고 하나님이셨던 분이

(요 1:1-2) 육신을 입고 우리 가운데 거하셨다(요 1:14). 바로 그분이 그분의 교회를 세우겠다고 약속하셨는데(마 16:18), 여기서 교회라는 단어는 문자적으로 "사람들의 모임"assembly을 뜻한다.

어쩌면 당신은 예수님이 왜 "교회"라는 단어를 택하여 사용하셨는지 단 한 번도 궁금해한 적이 없을 수도 있다. 예수님 당시의 유대인들은 회당에서 모임을 가졌다. 하지만 예수님은 "회당"이라는 단어 대신에 "교회"라는 단어를 사용하셨다. 왜일까? 이 질문에 답하기 위해 우리는 성경의 이야기 전개를 앞뒤로 살펴보아야 한다. 먼저 우리는 구약에서 예수님이 포로되어 잡혀간 백성을 다시 모으실 것이라는 예언을 볼 수 있다(욜 2:16을 보라). 그리고 신약에서 하나님이 자기 백성과 다시 함께 거하시는 종국적인 모임final assembly을 볼 수 있다. "보라 하나님의 장막이 사람들과 함께 있으매 하나님이 그들과 함께 계시리니"(계 21:3; 또한 7:9 이하).

우리가 모이는 지역 교회는, 하나님이 사람과 함께 계시는 것을 나타낸다. 곧 그곳에서 천국은 이 땅에 임한다. "두세 사람이 내 이름으로 모인 곳에는 나도 그들 중에 있느니라"(마 18:20; 또한 17절). 이런 일은 인터넷 공간이나 우리 머릿속 관념상으로는 일어나지 않는다. 바울의 표현을 빌리자면 이런 일은 오직 "너희가 교회에 모일 때에"(고전 11:18) 일어난다. 이 말에는 교회는 함께 모이기 전에는 교회가 아니라는 뜻이 담겨 있다.

가끔씩 "교회는 사람이지 장소가 아니다"라고 말하는 사람들이 있다. 하지만 좀 더 정확하게 말하자면 교회는 어떤 장소에 모인 사람들이다. 즉 정기적인 회집 또는 모임이 교회를 교회되게 한다. 시합이 없어 모이지 않는 축구 "팀"이라고 해서 더 이상 팀이 아닌 게 아니듯이, 사람들이 모이지 않는 교회라고 해서 더 이상 교회가 아니라는 말은 아니다. 핵심은, 팀이 팀이 되기 위해서는 함께 모여 시합을 해야 하는 것처럼, 교회도 교회가 되기 위해서는 정기적으로 모이는 일이 필요하다는 것이다.

예수님이 정립하신 기독교는 바로 이런 모습이다. 우리의 기독교 신앙은 정기적으로 함께 모여 서로 돌아보고, 서로를 통해 배우며, 서로를 격려하고 바로잡아주고, 서로를 사랑하는 것을 중심으로 이루어진다. 그리스도인들이 한자리에서 같은 공기를 들이마시고, 한 목소리로 찬송하며, 한 설교를 듣고, 한 떡에 참여할 때(고전 10:17을 보라), 비로소 영적인 일들이 일어난다. 그때 당신은 주위를 둘러보며 생각한다. '이 신앙 안에서 나는 혼자가 아니다. 우리가 함께 무엇을 할까?'

그 안에는 신학적인 내용이 많다. 하지만 그것은 실제적인 교훈과 함께 온다. 같은 이유로 히브리서 저자는 다음과 같이 기록하였다.

> "서로 돌아보아 사랑과 선행을 격려하며 모이기를 폐하는 어떤 사람들의 습관과 같이 하지 말고 오직 권하여 그 날이 가까움을 볼수록 더욱 그리하자 우리가 진리를 아는 지식을 받은 후 짐짓 죄를 범한즉 다시 속죄하는 제사가 없고 오직 무서운 마음으로 심판을 기다리는 것과 대적하는 자를 태울 맹렬한 불만 있으리라"(히 10:24-27).

우리는 함께 모여 서로에게 사랑과 선행을 격려하며 서로를 독려한다. 동시에 히브리서 저자의 경고를 기억하라. 만약 우리가 모이지 않고 또한 이러한 일들을 하지 않는 죄를 계속해서 범한다면, 하나님의 심판을 기다려야 할 것이다. 그렇다! 이것은 하나님께 참으로 심각한 일이다.

요점은 교회 출석이 당신을 그리스도인으로 만든다는 것이 아니다. 그리스도인이라면 응당 교회에 출석한다는 것이 요점이다. 그리스도의 영이 우리 안에 계시며, 우리가 그리스도의 사람들과 함께 있기를 갈망한다면 교회 모임에 참석하기 마련이다.

하나님의 말씀을 중심으로 모임

한두 장 앞에서 과거 교회에 출석하지 않던 내가 워싱턴 DC로 이사한 후에는 일주일에 세 번씩 교회에 가는 사람으로 변화된 이야기를 했다. 그 이전의 나는 하나님의 사람들을 멀리했었고, 그들과 함께 있는 것을 다소 부끄럽게 생각했다. 그런데 참으로 신기하게도 어느 날 갑자기 나는 그들과 함께 있는 것을 **원하게 되었다.** 나는 매주 교회 모임에 참석하는 것을 고대하였다.

무엇 때문에 이런 변화가 일어났을까? 나는 무엇보다 하나님의 말씀이 듣고 싶었다. 사실은 바로 '그것'이야말로 교회의 모임을 정치적 시위나 여타의 회집과 구분 짓는 가장 큰 차이점이다. 우리는 하나님의 말씀을 중심으로 모인다. "너희가 우리에게 들은 바 하나님의 말씀을 받을 때에 사람의 말로 받지 아니하고 하나님의 말씀으로 받음이니 진실로 그러하도다 이 말씀이 또한 너희 믿는 자 가운데에서 역사하느니라"(살전 2:13). 교회 모임 안에서, 하나님은 말씀하시고 이 땅의 시민들은 하나님의 말씀을 들을 수 있고 사람들이 하나님의 말씀 때문에 성장하는 것을 볼 수 있다. 바울은 불신자들이 그 모임 안으로 들어오면, 죄를 깨닫고, 마음의 숨은 일들이 드러나고, 엎드리어 하나님께 경배하며 "하나님이 참으로 너희 가운데 계신다"(고전 14:24-25)라고 외칠 것이라고 말했다.

코로나19의 도전 - 모이지 못함

코로나19가 전 세계 교회에 크나큰 도전이 되고 있는 가장 분명한 이유는, 수많은 지역에서 성도들이 함께 모여 하나님의 말씀을 배우고 그것을 마음에 품는 일에 어려움을 겪고 있기 때문이다. 코로나19 초기에 한두 달 정도 모이지 못하다 보니 나는 마치 교회와의 관계가 끊어지는 듯한 느낌을 받았다. 친구들이 "너희 교회는 어때?"라고 묻는데, 대답하기가 참 곤란했다. 교인들에게 개별적으로는 꼬박꼬박 전화도 걸고 문자도 보냈지만, 교회 전체를 다 살필 수 있는 여력이 없었기 때문이다. 교회가 마치 폭풍이 지나간 뒤 주차장 군데군데 빗물이 고여 만들어진 얕은 물웅덩이들 같았다.

장로들이 가장 염려했던 것은 영적으로 연약하여 믿음의 싸움 가운데 있거나 유혹에 직면해 있던 교인들이었다. 우리는 이미 믿음에서 멀어지는 모습을 보이던 이들, 즉 교회 밖으로 한쪽 발을 내딛고 있던 사람들이 걱정되었다.

하지만 교회가 모이지 못하는 것은 영적으로 성숙한 사람이나 그렇지 못한 사람 모두에게 똑같이 영향을 미쳤다. 우리는 너 나 할 것 없이 모두가 다른 성도들과 정기적으로 만남을 가지며 서로의 이야기를 들어야 한다. 그런 것이 없다면 그저 직장 동료나 학교 친구들, 혹은 TV 속 캐릭터들에 불과하다.

팬데믹이 시작되자 전 세계 많은 교회들이 실시간으로 영상 예배를 송출했으며, "가상 교회"virtual church의 항구적인 가치를 극찬하는 목소리들도 많이 등장했다. 전에는 그런 생각을 비난하던 목사들도 "가상 캠퍼스"를 열어 전임full-time 목사들에게 그것을 맡긴 뒤, 계속해서 그러한 캠퍼스를 운영해 갈 것이라고 약속했다. 그리고 어떤 이는 이것은 지상명령의 수행 역사 속에서 매우 괄목할 만한 발전이라고 말하기도 했다.

하지만 우리는 묻고 싶다. 당신이 경험하는 "교회"가 그저 일주일에 한 번 실시간으로 방송되는 영상 정도에 불과하다면, 그로 인해 잃어버리는 것은 무엇일까? 우선 당신은 동료 교인들에 대해 별로 생각하지 않을 것이다. 별로 생각에 떠오르지도 않을 것이다. 또 오며 가며 사람들과 마주쳐 짧은 대화를 주고받다가 저녁을 함께 먹으면서 장시간 대화하는 그러한 기회들을 잃게 된다. 그뿐 아니라 우리는 서로 격려하고 돌아보며 사랑하는 길에서 이탈하게 된다.

성경의 진리를 가상 공간에서 "다운로드"할 수 있으니 하나님을 찬양하라. 그러나 그리스도인의 삶은 그저 정보를 주고받는 것을 넘어서는 것이라는 사실로 인해 더욱더 하나님을 찬양해야 할 것이다. 교회가 그저 온라인 상으로만 존재한다면, 우리는 성경의 진리가 하나님의 가족 안에서 실현되는 모습을 느끼거나 경험할 수 없고, 그 증인이 될 수도 없으며, 그로 인해 우리의 믿음도 굳건히 서지 못하게 되고, 형제자매를 묶어주는 사랑의 끈도 생겨나지 않을 것이다. 가상 교회라는 말 자체가 자가당착이다.

이렇게 한 번 생각해보자. 마음속에 어떤 형제를 향한 미움 때문에 당신은 한 주 내내 남모를 고생을 할 수도 있다. 그러다 성찬상에서 그 형제를 볼 때 곧 자신의 죄를 깨닫고 고백하게 될 것이다. 혹은 어떤 자매에 대한 의심이 생겨 힘든 시간을 보낼 수도 있다. 그러다 함께 찬송을 부르는 그 자매의 모습을 보면서 마음이 누그러질 수도 있다. 또는 나라의 정치 상황이 어떻게 흘러가는지 불안해서 견딜 수 없을 때도 있을 것이다. 그러다 그리스도께서 승리자로서 다시 오실 것이라는 설교를 듣고, 주위에서 우렁찬 "아멘!" 소리를 들을 때, 비로소 당신이 소망 안에서 함께 천국 시민이 된 자임을 되뇌이게 될 것이다. 당신은 죄와 싸우고 있는 부분을 조용히 어둠 속에 묻어 두길 바라겠지만, 어느 노부부와의 점심 자리에서 "자네 요즘 '정말로' 어찌 지내는가?"라는 그들의 나지막하지만 묵직한 질문에 빛으로 인도될 것이다.

이런 종류의 경험들은 가상의 공간에서는 결코 불가능하다. 하나님이 우리에게 육체를 주셨고, 또한 관계를 맺고 살아가는 피조물로 지으셨기 때문이다. 따라서 결국 그리스도인의 삶과 교회의 삶은 다운로드할 수 없는 것이다. 그것은 직접 보고, 듣고, 참여하고, 함께해야만 하는 것이다. 그러한 이유로 바울도 디모데에게 디모데 자신의 삶과 교리를 살피라고 권면했다. 그 두 가지 모두 디모데 자신과 그에게서 듣는 자들을 구원하는 데 없어서는 안 될 것이기 때문이다(딤전 4:16).

가상의 교회나 인터넷 교회가 점점 더 인기를 얻고 있는 것이 놀랄 일은 아니다. 솔직히 말해 그것은 참 편리하다. 그리고 지저분한 인간관계를 피할 수 있는 것도 사실이다. 충분히 이해할 수 있다. 참으로 큰 유혹이 아닐 수 없다. 나는 총각이었던 시절에 다른 도시로 이사를 간 적이 있다. 그곳에는 다닐 교회도 없었고 아는 사람도 하나 없었다. 그곳에 도착한 후 며칠 지나고 나니 이런 생각이 머릿속을 스쳤다. '밖에 나가서 무슨 짓을 해도 되겠구만. 아무도 보고 듣고 간섭할 사람이 없잖아. 이거 괜찮네.' 하지만 감사하게도 성령님께서 곧바로 나를 꾸짖으셨다. "그런 생각이 어디서부터 오는 것인지 잘 알고 있지 않느냐? 결코 그러한 충동을 따라가서는 안 된다." 이 얼마나 큰 은혜인가! 감사하게도 그날 성령님께서 나의 마음을 붙잡아주셨던 것이다. 하지만 보통의 경우 성령님은 우리가 어리석은 행동이나 유혹에 빠지지 않도록 돕기 위해 교회의 형제와 자매들을 사용하신다.

물론 교회가 함께 모이는 것이 번거로울 수 있으나 사랑도 마찬가지다. 인간관계는 참 번잡스러울 수 있으며 사랑도 그러하다. 자신의 단점을 드러내는 대화는 두려운 일이며 사랑도 그러하다.

가상의 교회를 밀어붙이면 기독교의 개인화를 부추길 수밖에 없는데, 우리는 그 점을 우려한다. 팬데믹과 같은 위급한 상황에서 일정 기간 제한적으로 그러한 수단을 지혜롭게 사용하는 방법을 의논해 볼 수는 있을 것이다. 제2차 세계대전 당시 미국의 해안 도시에서는 정부의 등화관제 정책에 따라 주일 저녁에 모임을 가질 수 없던 때도 있었다. 충분히 이해할 수 있는 경우다. 하지만 가상의 교회를 상설화하자고 제안하거나 독려하는 것은 설사 그 의도가 아무리 좋다 해도 기독교의 제자도를 훼손할 수밖에 없다. 그로 인해 그리스도인들은 점차 자신의 믿음이 독립적인 것이라는 생각을 갖게 될 것이다. "하나님의 가족"으로서 예수님을 따르는 것은 사뭇 추상적인 개념이 되어 버릴 것이며, 하나님의 가족의 일원이 된다는 것이 무슨 의미인지, 그 가족을 위해 희생한다는 것이 무슨 의미인지 배울 수 없게 될 것이다.

그렇기 때문에 목사들은 교인들이 교회에 가상으로 "출석"하는 것을 멀리하도록 최대한 권면해야 한다. 나 역시 최근에 동료 장로들에게 이렇게 말했다. "형제님들(영어권의 신자들은 실제로 남성들 사이에서는 Brothers, 여성들에게는 Sisters라는 호칭을 일상적으로 사용한다.—역자주), 우리는 실시간 영상이 좋은 방법은 아니라는 점을 교인들에게 부드럽게 상기시킬 수 있는 방법을 찾아야 합니다. 제자도나 믿음을 위해 그것은 좋지 않습니다. 우리는 교인들이 함께 모이는 일을 게을리하지 않도록 이 점을 분명히 해야 합니다."

성경에서 모이라고 명하는 이유는 우리에게 짐을 지우기 위해서가 아니다(히 10:25; 요일 5:3을 보라). 그것은 믿음과 사랑과 기쁨을 더하기 위해서이다.

천국의 대사관

이번 장의 도입부에서 우리는 교회의 모임을 시위와 비교했었다. 그런데 이보다 더 좋은 비유가 하나 있다. 그것은 성도들의 모임인 교회가 **천국의 대사관**이라는 비유이다.

대사관은 한 나라의 영토 안에서 다른 나라의 자치권이 공인된 구역으로서, 주재국 내에서 파견국을 대표하고 대변하는 기관이다. 즉 파견국의 정부를 대표하는 것이다. 예를 들어, 워싱턴 DC에는 여러 나라의 대사관들이 줄지어 있는 '엠버시 로우'Embassy Row라는 거리가 있다. 그곳을 걷다 보면 일본 국기와 대사관을 볼 수 있을 것이고, 그 외 영국, 이탈리아, 핀란드 대사관도 볼 수 있다. 각각의 대사관은 해당 국가와 그 정부를 대표한다. 그중에 한 곳에 들어가보면 그 나라의 언어를 듣게 될 것이고, 그들의 문화를 경험할 수도 있다. 또한 대사관에서 주최하는 저녁 만찬에 참가한다면 그 나라 특유의 음식들을 맛볼 수 있을 것이다. 그리고 혹시 안쪽에 있는 사무실에 들어가본다면 그들의 외교 업무를 배울 수 있을 것이다.

모인 교회gathered church는 무엇인가? 그것은 천국의 대사관이다. 여러분이 다니는 교회에 혹은 우리 교회에 한 번 들어가보면, 거기서 전혀 다른 한 나라를 발견할 것이다. 그 나라는 이 땅에서 나그네와 유랑자 된 자들, 그리스도의 왕국 시민들이 모여 이룬 나라이다. 그 안에서 당신은 천국의 왕께서 선포하시는 말씀을 듣게 된다. 당신은 천국의 언어인 믿음, 소망, 사랑에 대해 듣게 된다. 성찬의 상에서 마지막 날의 천국 잔치를 미리 맛보게 된다. 그리고 당신은 당신이 살고 있는 나라와 다른 모든 나라에 복음을 가져가라는 천국의 외교 업무를 담당하게 될 것이다.

그뿐 아니라 당신은 천국의 문화가 도래한 것을 경험한다. 이 대사관에 주재하는 천국 시민들은 심령이 가난하고 온유한 자들이다. 그리스도를 따르며 의에 주리고 목마른 자들이다. 또한 마음이 청결한 자들이며, 다른 쪽 뺨을 돌려 대고, 십 리를 더 동행하며, 원하는 사람에게는 셔츠와 외투까지 벗어주는 화평하게 하는 사람들이다. 음욕을 품고 여자를 바라보지 않음은 물론, 간음을 저지르지도 않는다. 또한 남을 미워하지 않음은 물론, 살인을 저지르지도 않는다.

예수님이 자신을 대표하고 그분의 심판을 선언하는 임무를 맡기신 곳은 UN도 대법원도 아니고, 대학의 철학과도 아니다. 오히려 세상의 천한 것들과 멸시받는 것들과 "없는 것들"(고전 1:28)이었다. 이는 바로 당신의 교회에 명하신 일이다.

슬픈 일이지만 우리의 교회들이 천국을 선언하고 나타내는 일을 항상 잘 해내지는 못할 것이다. 당신에게 실망을 줄 수도 있고 이해심 없는 말을 할 수도 있다. 심지어 당신에게 죄를 지을 수도 있다. 하지만 우리가 모이는 것은 장차 있을 천국의 모임을 표시하고 미리 보여주는 역할을 한다. 이는 성찬 상에서 우리가 받는 작은 떡 조각이 천국 잔치를 표시하는 것과 마찬가지다. 교회가 가리키고자 하는 것은 그 천국의 핵심이신 그리스도이다. 그분은 결코 죄를 짓거나 실망을 안겨주지 않으신다. 자신의 죄를 고백하고 그분을 따르는 죄인은 어떠한 죄를 지었더라도 우리와 함께 이 큰 잔치에 참여할 수 있다. 이것이 바로 좋은 소식이다.

추천 도서

Kim, Jay Y. *Analog Church: Why We Need Real People, Places, and Things in the Digital Age*. Downers Grove, IL: InterVarsity Press, 2020.

Leeman, Jonathan. *One Assembly: Rethinking the Multisite and Multiservice Model*. Wheaton, IL: Crossway, 2020.

교회는 그리스도인들의 모임이다

↓

그 모임은 그리스도의
하늘 왕국의 대사관이다

↓

**그들은 기쁜 소식과 왕이신
그리스도의 명령을 선포하며**

↓

지정하신 규례를 통해
서로를 그 나라의 시민으로 확언하며

↓

하나님의 거룩하심과
사랑을 드러낸다

↓

하나로 연합된
다양한 사람들을 통해

↓

온 세상 가운데

↓

장로들의 가르침과
모범을 따라

4장

왜 설교와 가르침이 중심인가?

콜린 핸슨

설교자들은 적어도 일주일에 한 번 강단에 서서 하나님을 대표해서 말한다고 주장한다. 그런데 그러한 권리는 도대체 어디에서 온 것인가? 심지어 대통령이라 할지라도 그러한 권위를 내세우지 못할 것이다. 수학 선생님이나 문학 교수라 할지라도 그런 특권을 누릴 자격이 있을지 의심스럽다. 더구나 요즘 시대에 누가 혼자서 그렇게 길게 말하는 것을 정기적으로 들을 일이 얼마나 자주 있겠는가? 고대 사회의 순회 공연단같이 한때 인기를 끌었던 것들도 오늘날의 도시에서는 관중들을 끌어 모을 수 없을 것이다. 대중 강연으로 수익을 내는 경력을 쌓는 것이 힘든 것은 말할 것도 없다.

설교자의 권위는 탁월한 지식, 정치적인 힘, 화려한 미사여구에 있지 않다. 그 권위는 오직 하나님의 말씀에 있다. 그래서 바울은 에베소의 목사였던 젊은 제자 디모데에게 이렇게 말했다. "너는 말씀을 전파하라 때를 얻든지 못 얻든지 항상 힘쓰라 범사에 오래 참음과 가르침으로 경책하며 경계하며 권하라"(딤후 4:2).

넷플릭스에서 최신 드라마나 검색하고 있는 목사에게는 그러한 권위가 없다. 당신이 좋은 식당을 추천해달라고 찾아가는 목사라면 그 역시 그러한 권위가 없다. 페이스북에서 본 음모론에 대해 이러쿵저러쿵 말을 퍼뜨리는 목사에게도 그러한 권위는 있을 수 없다. 그런 목사는 어떤 점에 있어서는 유익하고, 흥미롭고, 때론 그럴듯한 이야기를 해줄 수도 있을 것이다. 당신이 일자리를 찾는 문제로 조언을 구한다면 도움이 되는 말을 해줄 수도 있을지 모르겠다. 그러나 하나님을 대표하여 말할 수 있는 그 특별한 권위는 오직 그분의 말씀을 선포할 때에만 생긴다.

가장 훌륭한 설교자는 누가 뭐라 해도 예수님이시다. 그리고 예수님의 산상설교는 그 누구의 어떤 설교보다도 가장 귀한 교훈을 담고 있다. 그 안에 담긴 진리와 능력은 오늘날에도 많은 이들의 삶을 변화시키고 우리의 나아갈 바를 가르쳐준다. 그러나 처음 그 설교를 들었던 사람들은, 그 설교 내용이 자기들이 이전에 다른 선생들로부터 들었던 것과는 사뭇 달라서 충격을 받았다. 이에 대해 마태는 "예수께서 이 말씀을 마치시매 무리들이 그의 가르치심에 놀라니 이는 그 가르치시는 것이 권위 있는 자와 같고 그들의 서기관들과 같지 아니함일러라"(마 7:28-29)라고 전한다. 서기관들은 이스라엘의 공식적인 선생들이었다. 그런데 왜 군중은 그들의 권위를 존중하지 않았을까?

그들이 자기의 생각을 가르쳤기 때문이다. 그들은 하나님의 법에 자기들의 법을 덧붙였다. 그러나 하나님이신 예수님은 그 율법을 기록하고 온전히 순종하신 분으로서 권위 있는 말씀을 가르치셨다.

교회를 재발견하는 것은 그저 인간의 지혜가 아닌 신적인 권위를 찾는 것과 밀접하게 관련되어 있다. 오늘날에는 인간의 지혜를 기록한 자료들이 차고 넘치며, 여기저기서 너무나도 쉽게 이를 접할 수 있다. 베스트셀러 목록에는 자기계발서들이 주류를 이루고, 팟캐스트 같은 인터넷 매체들은 더 나은 삶을 약속한다. 인터넷 세상에 넘치는 정보는 끝이 없다. 따라서 인간의 지혜를 전하고자 하는 교회는 치열한 경쟁에 부딪칠 수밖에 없다. 그럴 바에는 유튜브 채널을 구독하지 뭐하러 교회에 가서 목사의 설교를 듣겠는가? 영향력 있는 정치인들이 나오는 뉴스나 보고 있지 뭐하러 일요일 아침에 일찍 일어나겠는가?

우리가 주일 아침마다 교회로서 함께 모이는 것은 그곳이 바로 왕이신 하나님이 하시는 말씀을 듣는 자리이기 때문이다. 즉, 우리는 그곳에서 하나님의 좋은 소식과 우리 삶을 위한 하나님의 뜻을 듣는다. 우리는 성경책을 펼칠 때마다 그분의 말씀을 듣는다. 그러나 교회에서 우리는 혼자가 아니라 매주일 **함께** 모여 그분의 말씀을 듣게 된다. 바로 그 자리에서 우리는 하나의 백성으로 **함께** 빚어져 간다. 이것이 교회의 모임 가운데 설교와 가르침이 가장 중심이 되는 이유이다. 우리의 모임 가운데 하나님의 말씀을 중심에 둠으로써 천국의 문화가 든든히 세워지고, 그것을 통해 우리는 세상과 확연히 구별된 백성이 되어, 우리가 살아가는 각 도시와 나라에서 소금과 빛의 삶을 감당할 수 있게 된다.

우리는 성령님의 도우심이 있어야 신령한 지혜를 듣고 깨달을 수 있다. 신령한 지혜는 오늘날 소셜미디어나 베스트셀러에서 흔히 접할 수 있는 인간적인 지혜와 같지 않다. 설교자의 권위는 하나님이 말씀하신 것 전체를 포괄하지만 하나님이 말씀하신 것을 넘어서지는 않는다. 설교자는 너무 많이 말하거나 너무 조금 말하는 것 모두가 잘못이다. 하나님의 말씀은 설교의 기초이자 한계선이다.

마크 데버는 종종 설교자의 일을 우편집배원의 업무와 비교하곤 한다. 우편집배원은 편지를 뜯고 그 안에 몇 자 더 적어 넣은 뒤에 다시 봉투를 붙여서 우편함에 넣지 않는다. 그는 그저 편지를 배달할 뿐이다.

설교자도 마찬가지다. 그의 권위는 말씀이라는 기준에 의해 분별된다. 설교자는 그저 우편물을 전달할 권위를 부여받은 것이다. 그게 전부다.

인간적 수단에 의한 문제 해결을 강조하는 거짓 선생들의 권위는 보잘것없다. 그들의 일차적인 관심은 청중이 듣고 싶어 하는 말을 하는 것이다. 그렇게 하지 않으면 그들의 상품을 팔 수 없을 것이고, 또 그들의 강의를 들으려는 사람이 없을 것이기 때문이다. 그러한 서기관들은 하나님의 말씀의 한계를 넘어 자기에게 없는 권위를 내세운다. 성경만으로는 결정할 수 없는 어떤 사안들에 있어서 청중의 양심을 속박하려고 시도하는 것이다. 예를 들어, 어떤 사람과 데이트해야 하는지, 선거에서 누구를 찍어야 하는지, 자녀를 어느 학교에 보내야 하는지, 어떤 옷을 입으면 경건해 보이는지 등을 얘기한다. 이런 일들에 대해 그들이 정말로 지혜로운 조언을 해줄 수 있을지도 모르겠다. 하지만 우리는 괜찮은 조언과 하나님의 권위를 동일 선상에 놓아서는 안 된다. 설교는 인간적인 사색이 아닌 하나님의 능력이 나타나는 자리이다.

여호와께서 이같이 이르시되

구약성경에서 선지자들은 "여호와께서 이같이 이르시되"라는 말을 후렴구처럼 자주 사용했다. 하나님이 그들에게 하나님의 뜻을 전하게 하셨기 때문에 그들의 말에는 권위가 있었다. 즉 그들은 하나님을 대표하여 말했다. 선지자들은 언제나 백성들이 듣고 싶어 하는 말만 하는 사람들이 아니었다. 사실 그들은 듣기 싫은 말을 했다는 이유로 왕에게서 형벌을 받기도 했다.

예컨대, 시드기야 왕은 예레미야 선지자를 구덩이에 던져 넣고 굶어 죽을 때까지 거기에 두게 명령했었다(렘 38:9). 그것은 예루살렘에 남아 있으면 갈대아인들에 의해 죽임을 당할 것이라고 말한 예레미야의 예언 때문이었다. 물론 그것은 맞는 말이었다. 하지만 왕과 그의 군대 장관들은 백성들의 사기를 떨어뜨린다는 이유로 예레미야의 예언을 배척했다(2-4절). 그들은 메시지를 전한 사람을 비난했다. 그러면 그 메시지에 주의를 기울이지 않아도 되기 때문이다. 그들은 오히려 기분 좋은 거짓말을 하는 선지자를 더 선호했다. 그러나 하나님은 거짓말을 기뻐하지 않으신다. "그러므로 만군의 여호와께서 선지자에 대하여 이와 같이 말씀하시니라 보라 내가 그들에게 쑥을 먹이며 독한 물을 마시게 하리니 이는 사악이 예루살렘 선지자들로부터 나와서 온 땅에 퍼짐이라 하시니라"(23:15).

하나님은 에스겔 선지자를 통해 이스라엘의 지도자들, 곧 "목자들"을 꾸짖으셨다. 하나님은 그들에게 백성을 보호하라고 명하셨는데, 그들은 오히려 백성을 속였기 때문이다. "인자야 너는 이스라엘 목자들에게 예언하라 그들 곧 목자들에게 예언하여 이르기를 주 여호와께서 이같이 말씀하시되 자기만 먹는 이스라엘 목자들은 화 있을진저 목자들이 양 떼를 먹이는 것이 마땅하지 아니하냐 너희가 살진 양을 잡아 그 기름을 먹으며 그 털을 입되 양 떼는 먹이지 아니하는도다"(겔 34:2-3).

이스라엘의 경험을 통해 우리는 엄중한 경고를 듣는다. 우리는 우리가 듣고 싶어 하는 말만 해주는 그런 지도자들을 찾으려 하지는 않는지 우리 자신을 돌아봐야 한다. 지도자들은 사람들이 원하는 것만 주려고 하는 유혹에 빠질 수 있다. 먹고 살기 위해서는 그 편이 더 수월하기 때문이다. 심지어 교회 밖에 있는 사람들을 가혹하게 깎아 내리며 말하는 설교자가 담대한 진리의 수호자인 것처럼 보일 수도 있다. 그러나, 그들은 분기탱천한 듯 소리치지만 실상 자신에게 급여(목회 사례금)를 주는 사람들에게는 참된 도전을 안겨주지 않는다.

사실 그것이 대부분의 설교자들이 마주하는 가장 큰 시험대일 수 있다. 어떻게 하면 사람들을 거슬리게 하지 않으면서 오직 성경의 말씀만 설교할 수 있을까? 어떻게 하면 자신과 가족의 생계와 주거를 좌지우지할 수 있는 사람들에게 어렵지만 진실한 이야기를 전할 수 있을까?

자기 자신에게 말씀을 가르치라

설교자들에게 이런 유혹이 있음을 염두에 둔다면, 비록 처음에는 하나님의 말씀 중에 마음에 들지 않거나 동의할 수 없는 부분이 있더라도, 말씀을 듣고 주의를 기울이려는 자세가 참으로 필요하다. 교회를 재발견하는 것은 성경의 감춰진 비밀을 알기 위해 자신만 의지하게 만드는 설교자가 아닌, 당신 스스로 말씀을 배울 수 있는 방법을 알려주는 설교자를 찾는 것이다.

최고의 설교자는 자기의 지식으로 당신을 매료시키지 않는다. 오직 하나님의 말씀 안에서 그분의 영광을 드러내 보여줄 뿐이다. 그렇게 해서 하나님을 보게 된 사람은 이제 온 힘을 다해 더욱더 그분을 알기 원하게 된다. 스스로 말씀을 읽고 적용하기 위해 점점 더 노력하게 되는 것이다. 그러면 일종의 선순환 고리 안에 들어가게 된다. 즉 설교자를 통해 말씀을 더 잘 알고 사랑하게 될수록, 말씀에 대한 미각을 자기 스스로 더욱 발전시키게 되고, 젖이 아닌 고기에 해당하는 설교에 대한 미각도 갖추게 된다.

설교자와 교인 간의 그러한 관계가 바로 건강한 교회의 열쇠이다.

교회에는 선생이 단 한 명만 있는 것이 아니기 때문이다. 즉 우리 모두 어느 정도는 말씀을 가르치도록 부르심 받았다. 예를 들어, 설교자만이 아니라 모든 장로들이 장로 직무의 한 부분으로서 "가르치기를 잘 해야"(딤전 3:2) 하고, 부모들은 자녀들에게 말씀을 가르쳐야 하며(신 6:7), 늙은 여자들은 젊은 여자들을 교훈해야 한다(딛 2:3-5).

교회 안에서 다음과 같이 적어도 네 가지 활동을 통해 말씀의 역사가 일어나는 모습을 한 번 생각해보라. (1) 설교자가 전체 회중에게 하나님의 말씀을 전한다. (2) 교인들은 그 말씀을 자신의 입과 마음에 담아 찬송과 공동 기도로 응답한다. (3) 모든 교인들이 스스로 말씀을 배워 나간다. (4) 많은 교인들이 서로에게, 그리고 다음 세대에게 말씀을 가르친다. 이는 모든 교인이 각자의 위치에서 말씀을 배우는 사람이자 동시에 가르치는 사람으로 부르심을 받았다는 뜻이다.

말씀에 대한 이와 같은 관점을 견지할 때만 교회는 오늘날 너무나도 만연해 있는 어떤 문제로부터 자신을 지켜낼 수 있다. 그 문제는 성경의 저자들 또한 미리 예상했던 것이며, 그들은 그 문제를 극복하기 위해 분투했다. 바울은 디모데에게 에베소 교인들이 "신화와 끝없는 족보에 몰두하지" 말도록 경계하게 했다. 그런 것은 "믿음 안에 있는 하나님의 경륜을 이룸보다 도리어 변론을 내는 것"(딤전 1:4)이었기 때문이다. 또한 디모데에게 보낸 두 번째 편지에서도 바울은 다음과 같이 동일한 경계의 메시지를 담아 말한다. "때가 이르리니 사람이 바른 교훈을 받지 아니하며 귀가 가려워서 자기의 사욕을 따를 스승을 많이 두고 또 그 귀를 진리에서 돌이켜 허탄한 이야기를 따르리라"(딤후 4:3-4). 여기서 우리는 교회가 하나님의 말씀에 집중하면 "자기의 사욕"에 관심을 덜 갖게 됨을 알 수 있는데, 여기서 말하는 "자기의 사욕"은 겉으로는 지식의 모습을 띠고 있으나 실상은 어리석은 변론에 불과한 것이다. 바울이 이 시대를 살았다면, 그는 사탄이 끝없는 변론으로 교회를 분열시키고 어지럽히기 위해 인터넷이라는 도구를 고안했다고 생각했을지도 모른다.

세계 곳곳에서 코로나19로 인한 봉쇄 기간 동안 설교자들에게 주어진 독특한 도전에 대해 한 번 생각해보라. 이번 한 주 동안 그들은 45분, 많으면 60분 정도 사람들의 주목을 받았을 것이다. 그것도 산만한 아이들, 졸음, 울려 대는 문자 메시지 등으로 사람들의 주의가 분산되지 않았다고 할 때 그 정도다. 그러나 소셜미디어, 동영상, 팟캐스트 등은 모르긴 해도 업무 시간, 운전시, 심지어 잠잘 때에도 틈만 나면 사람들의 주의를 끈다. 교회가 이런 세상의 흐름을 따라가기 어려운 느낌이 드는 것은 어쩌면 당연하다. 그럼에도 우리는 성경 말씀과 다른 것들을 저울질하려 해서는 안 된다. 코로나19가 종식됐을 때 가장 강력하게 부상할 교회는, 사람들의 관심을 얻기 위해 온갖 잡다한 말을 늘어놓는 교회가 아니라 오직 하나님의 말씀만 능력 있게 설교하는 교회일 것이다.

좋은 설교는 무엇인가?

교회를 재발견하는 과정 중에 당신은 다양한 스타일과 다양한 길이의 설교들을 접할 것이다. 성경에서 그에 대한 명확한 규정을 찾을 수는 없다. 모든 성경은 하나님의 영감으로 기록된 것이지만, 여전히 각 본문마다 개별 저자들의 독특한 개성을 느낄 수 있다. 바울의 글은 베드로의 글과 느낌이 다르고, 베드로의 글 역시 요한의 글과는 다르다. 당신은 감정에 깊이 호소하는 설교를 더 좋아할 수도 있고, 히브리어와 헬라어를 풍부하게 인용하는 설교를 더 선호할 수도 있다. 하나님은 한 편의 설교 안에서 그 둘 중의 하나나 둘 모두를 사용하여 우리를 사랑과 순종으로 이끄신다.

또한 당신은 주제설교와 강해설교에 관한 논쟁을 들어본 적이 있을 것이다. 설교자는 상황에 따라 주제설교를 해야 할 때가 있다. 최근의 예를 세 가지 정도만 들어보면, 다가올 선거나 전 세계적인 팬데믹, 인종차별 등에 관한 주제설교를 해야 했을 수 있다. 하지만 주제설교를 너무 많이 하다 보면 자기 주장을 관철시키기 위해 성경의 의미를 왜곡시키는 유혹에 빠질 수 있다. 이는 설교자로서의 권위를 무너뜨리는 위험천만한 일이다. 따라서 우리는 성경 본문이 말하고자 하는 바를 있는 그대로 '드러내는' 강해설교를 꾸준히 해 나가는 편이 더 좋다고 본다. 많은 설교자들이 말했던 바 있듯이, 바울은 설교자들에게 그저 설교하라고 명령하지 않았으며, 하나님의 '말씀'을 설교하라고 명령했다.

매주일 성경의 장절을 따라 순서대로 설교하면, 설교의 안건agenda을 설교자가 아닌 하나님이 설정하시게 된다. 설교자는 편지를 배달하는 우편집배원이라는 사실을 잊지 말라. "이번 주에는 하나님께서

로마서 1장을 통해 하나님이 우리에게 주시는 말씀을 배우겠습니다. 다음 주에는 로마서 2장, 그다음 주에는 로마서 3장을 보겠습니다." 이러한 방식으로 성경의 말씀을 설교하다 보면 하나님과 우리의 관심사가 딱 들어맞지 않을 때도 있다. 예를 들어, 본문 중에 설교자가 설교하고 싶지 않은 내용이 있을 수도 있다. 그러나 설교자가 해야 할 일은 하나님의 편지가 들어 있는 봉투를 뜯는 일이다.

결국 우리는 무엇에 진정으로 귀를 기울여야 하는가? 사람의 말인가, 아니면 하나님의 말씀인가? 그분의 길은 우리의 길보다 더 높고 더 선하다(사 55:9). 우리는 세상이 아닌 오직 그분에게서 삶의 실마리를 찾아야 한다. 설교자가 지난주에 설교한 본문 다음의 내용을 이어서 설교하고 당신이 그 본문 안에서 성령님이 말씀하시는 내용을 들을 때 무언가 놀라운 일이 일어난다.

교회를 재발견하는 과정에서, 설교를 녹화해서 전달하는 것과 실시간으로 대면해서 전하는 것 사이에 논쟁이 있음을 알게 될 것이다. 몇 해 전에 나는 설교에 탁월한 은사를 가진 분과 이야기를 나눌 기회가 있었다. 그는 다시 태어났더라면 아주 유명한 스탠드업 코미디언이 되었을 것이다. 실제로 그는 설교 중에 청중과 교감하는 방법을 배우기 위해 코미디언들을 연구했다. 그뿐 아니라 그는 성경과 신학에 대한 이해도 깊어서 의심 많은 대중들에게 매우 창의적인 방법으로 그것들을 설명할 수 있었다. 그의 교회는 크게 성장했고, 그 지역은 물론 전국에 여러 지교회를 세웠다. 그런데, 그는 그 지교회들에 설교자들을 세우지 않고 자신의 설교를 녹화한 영상을 방송으로 내

보냈다. 나는 그의 논리를 잊을 수가 없다. 자신 같은 A급 설교자가 있는데 사람들에게 B급 설교자를 보내는 것은 말이 안 된다는 것이다. 그의 목표가 자신을 따르는 사람들을 많이 긁어모으는 것이었다면, 나는 그의 말을 반박할 수 없었을 것이다.

그러나 나중에 곰곰이 생각해보니 그의 주장이 터무니없다는 것을 깨달았다. 그의 주장대로라면 그의 경쟁자는 그저 그 교회의 부목사나 강도사들만이 아니다. 그는 과거와 현재에 실존하는 모든 설교자들을 상대로 경쟁하는 것이다. 자, 그렇다면 왜 빌리 그래함 같은 A+급 설교자들의 영상은 방영하지 않는가? 교회에서 배우를 고용해 찰스 스펄전이 남긴 최고의 설교를 연기하게 하면 어떻겠는가? 차라리 대학 농구팀들이 플레이오프전을 치르듯이 토너먼트 대진표를 만들고서 그리스도인들에게 투표로 자신이 가장 좋아하는 설교자를 뽑아달라고 하면 마지막에는 최고의 웅변가가 남지 않을까? 그러면 누구도 B급 이하 설교자들의 설교는 더 이상 들을 필요가 없을 것이다. 우리는 그야말로 최고의 설교자를 얻게 될 것이다(하나님이 그것이 우리에게 최고라고 여기신다면).

하지만 그렇지 않다. 당신에게 최고의 설교자는 하나님의 말씀에 신실한 설교자이다. 혹 당신과 커피라도 한 잔 하며 대화를 나누고자 하거나, 병원에 입원했을 때 당신을 심방하러 오는 분이라면 더욱더 금상첨화이다. 매주 드리는 예배가 우리끼리 그저 성경을 읽고 마는 것이 아닌 데에는 이유가 있다. 설교는 하나님과 회중 사이에 서 있는 가르치는 자의 인격과 경험을 통해, 이 시대를 사는 사람들의 특별한 지역적, 개인적 필요의 맥락 속에 하나님의 말씀의 권위를 가져온다. 앞에서 언급한 그 사람이 실제로 당신 교회의 목사보다 설교를 더 잘할 수도 있다. 하지만 당신의 교회에 대해 더 잘 알고 있는 설교자는 바로 당신의 목사이다. 회중에게 성경을 적용하는 일에 있어서만큼은 그것이 가장 중요한 요소이다.

목사가 교인 한 사람 한 사람의 이야기를 듣고 그들의 세밀한 속사정까지 다 알 수는 없다. 그럼에도 코로나19 봉쇄 기간 동안 수많은 목사들이 카메라 앞에서 설교하면서 어려움을 느낀 데에는 이유가 있다. 설교자는 청중의 실시간 반응 속에서 성령의 감동을 감지할 수 있게 해달라고 기도한다. 청중과 눈을 마주치며 설교할 때 성령께서는 설교자의 마음속에 우리의 어려움을 위로하고자 하는 마음을 불러일으키신다. 예배 중에는 콘서트장이나 영화관과는 달리 회중을 비추는 조명을 어둡게 하지 않는 편이 낫다. 그 한 가지 이유는 목사들이 설교 도중에 성령께서 감동시키시고 이끄시는 바에 민감하게 반응할 수 있도록 하기 위해서다.

시간과 공간

결국 설교는 단순히 정보를 전달하는 것이 전부가 아니다. 만일 정보 전달만을 목표로 삼는다면 설교는 효율적인 수단이 아닐 것이다. 차라리 영상이나 팟캐스트를 보거나 아니면 책이나 읽으면서 예배는 아예 그만두는 편이 더 낫다. 하지만 설교를 듣는 것은 그저 예수님과의 개인적 동행에 관한 문제만이 아니다. 그것은 당신의 교회 안에 천국의 문화를 형성하고 천국의 도성을 건설하는 문제와 관련된다. 설교는 함께하는 삶과 관련된다.

실시간 대면 가르침 안에서 두 가지 일이 일어난다. 개인적으로 일면식도 없는 목사의 팟캐스트로는 이 일들이 일어날 수 없다. 첫째, 회중과 설교자가 같은 시간과 공간을 공유하며 함께 설교를 경험한다. 물론 설교를 개인적인 경건을 위한 묵상에 적용하는 것도 가치 있는 일이다. 하지만 하나님의 백성된 공동체에게 설교를 적용하는 것은 더욱 커다란 가치가 있다. 이번 한 주 동안 "서로를 어떻게 대하며 살 것인가?"라는 문제와 관련하여 우리는 우리 실제의 삶 안으로 설교를 가지고 들어온다. 또한 설교자는 우리 "위에" 있는 사람이 아니라는 것을 기억해야 한다. 그는 우리 중 하나이다. 그는 우리와 함께 하나님의 말씀을 통해 새로운 도성으로 빚어지는 일에 참여하는 사람이다. 특정한 지역의 특정 사람들이 하나님께 순종하고 서로를 사랑하기로 하는 언약을 맺고 이를 행해나갈 때, 설교가 그 특정 지역의 특정 사람들을 위해 하나님의 말씀으로부터 비전을 제시해주는 역할을 수행한다.

두 번째로, 설교자의 모범과 성품은 전체 회중의 분위기를 형성해 간다. 자신의 장점은 물론 단점까지도 교회가 닮아 간다는 사실을 깨달으면 아마 설교자들은 필시 두려움에 휩싸일 것이다. 신학교에서 설교방법론에 관해 배울 때 담당 교수로부터 정신이 번쩍 드는 말을 들은 적이 있다. 회중은 몇 년이 지나고 나면 내가 무슨 말을 했었는지 기억하지 못할 것이고, 하나님은 나의 말과 나의 경건과 인격의 본보기를 통해 세월의 흐름 속에서 조금씩 교회를 빚어 가실 것이라는 말이었다. 설교자의 메시지는 그의 성품과 하나가 되어 전해지며, 청중은 성령의 능력으로 그 말씀을 듣고 변화된다. 설사 그들이 그 메시지를 항상 기억하고 있지는 못하더라도 말이다. 이는 설교뿐만 아니라 일반적인 가르침에 관해서도 성립하는 사실이다. 보통 우리는 어떤 선생님이 지식이 많다고 해서 그분을 최고의 교사로 기억하지 않는다. 우리는 지혜가 많으며 우리와 기꺼이 대화하며 개인적으로 우리를 사랑해주셨던 분을 최고의 선생님으로 기억한다.

따라서 교회를 재발견하는 중에 당신이 찾아야 하는 설교자는 당신을 지극히 사랑하며 유능한 의사와 같이 당신의 상처를 치료하고 싸매줄 수 있는 그런 설교자이다. 또한 오직 왕 중의 왕이신 분에게서 자신의 권위가 비롯됨을 알고, 그분의 기쁜 소식과 우리 삶을 향한 그분의 뜻을 선포하는 설교자를 찾으라. 그런 설교자는 당신의 돈을 노리지 않는다. 그런 설교자는 자신의 지식과 카리스마로 당신에게 깊은 인상을 남기는 것을 추구하지 않고, 당신에게 좋은 본보기가 되는 것을 추구한다.

추천 도서

Leeman, Jonathan. *Word-Centered Church: How Scripture Brings Life and Growth to God's People*. Chicago: Moody, 2017.

Wilkin, Jen. *Women of the Word: How to Study the Bible with Both Our Hearts and Our Minds*. Wheaton, IL: Crossway, 2014.

교회는 그리스도인들의 모임이다

↓

그 모임은 그리스도의
하늘 왕국의 대사관이다

↓

그들은 기쁜 소식과 왕이신
그리스도의 명령을 선포하며

↓

**지정하신 규례를 통해
서로를 그 나라의 시민으로 확언하며**

↓

하나님의 거룩하심과
사랑을 드러낸다

↓

하나로 연합된
다양한 사람들을 통해

↓

온 세상 가운데

↓

장로들의 가르침과
모범을 따라

5장

꼭 교회에 등록할 필요가 있는가?

조너선 리먼

대학 시절에 나는 벨기에의 브뤼셀에서 반 년 정도 지냈는데, 그 기간에 내 미국 여권이 만료된 적이 있었다. 그래서 나는 브뤼셀 캬흑 띠에 후와얄Quartier Royal 인근에 있는 미국 대사관을 찾아갔다. 대사관에 발을 들여놓는 순간 나는 미국 땅에 들어선 것이다.

대사관 안에는 미국 정부의 권한이 미친다. 대사관에서는 벨기에 정부와 국민에게 "미국의 요구사항과 의도는 이렇습니다."라고 말할 수 있다. 그리고 나 같은 사람에 대해서는 "이 사람은 우리 국민입니다."라고 말할 수 있다.

나는 창구에 서서 직원에게 만료된 내 여권을 내밀었고, 그는 몇 가지 질문을 하고 컴퓨터에 무언가를 입력했다. 얼마 지나지 않아 나는 미국 시민임을 증명하는 새로운 여권을 발급받았다. 물론 대사관에서 나를 시민으로 '만들어' 주는 것은 아니다. 나는 태어날 때부터 미국 시민이었다. 하지만 대사관에서는 나의 시민권을 공식적으로 인정하고 확인해주었다. 대사관은 미국 시민 한 명이 개인으로서는 할 수 없는 방식으로 미국을 대변한다.

교회에 정말 권위가 있는가?

마찬가지로 교회가 어떤 사람을 그리스도인으로 '만들어' 주지는 않는다. 앞서 2장에서 언급했듯이 우리는 거듭남으로써 그리스도인이 된다. 하지만 교회는 천국의 대사관이다. 그리스도께서는 교회에게 우리의 천국 시민권을 확인해주는 업무를 부여하셨다. 물론 구체적으로 그 결정을 누가 내리느냐에 대해서는 교단마다 의견의 차이가 있다. 침례교에서는 전체 회중이 결정한다고 믿고, 장로교와 성공회에서는 회중을 대신해 각각 장로와 감독이 결정한다고 믿는다. 그럼에도 그러한 권위를 교회에게 주신 분이 예수님이라는 사실에는 모두가 동의한다. 여권을 발급하는 대신, 교회는 세례(또는 침례)를 주고 성찬을 나눈다.

요즘 그리스도인들은 교회에 하나님이 주신 권위가 있다는 생각을 잘 하지 못한다. 부모에게도 권위가 있고, 정부에게도 권위가 있다. 그렇다면 교회에게도 권위가 있는가?

마태복음 16장과 18장에서 예수님이 교회에 천국 열쇠를 주신다. 거기서 우리는 교회의 권위에 대해 배운다. 첫째, 마태복음 16장

13-20절에서 예수님은 **복음에 대한 올바른 고백**을 확언하는 데 이 열쇠가 사용됨을 가르쳐주신다. 베드로는 예수님이 누구신지 고백한다. 예수님은 베드로의 대답을 확언하시고, 자신의 교회를 세우겠다는 약속을 하신다. 그리고 그 목적을 위해 베드로와 사도들에게 "천국 열쇠"(19절)를 주신다. 이 열쇠는 어떤 용도인가? 이 열쇠는 하늘에서 매이거나 풀린 것을 땅에서도 매거나 푸는 데 사용된다. 요즘은 그런 식의 표현을 잘 쓰지 않아서 쉽게 이해하지 못할 수도 있을 것 같다. 하지만 이렇게 생각해보라. 그 열쇠는 본국 정부의 법률이나 명령을 공식적으로 선언하는 대사관의 권한과 같은 것이다.

둘째, 마태복음 18장 15-20절에서 예수님은 **복음을 진실하게 고백하는 자**를 확언하는 데 이 열쇠가 사용됨을 가르쳐주신다. 지역 교회는 예수님이 부여하신 이 열쇠를 통해 삶과 고백이 일치하지 않는 사람의 멤버십을 박탈할 수 있는데, 이는 대사관에 자국의 시민권을 공식적으로 선언할 수 있는 권한이 부여되어 있는 것과 같다.

정리해보자면, 교회에는 천국 열쇠가 주어져 있는데, 그것은 천국을 대신하여 복음에 관한 **무엇**과 **누구**를 확언하는 권위이다. 즉 이 열쇠는 '올바른 고백은 무엇인가? 그리고 진실한 고백을 하는 자는 누구인가?'를 확언하는 열쇠이다.

> 천국 열쇠의 권위 = 예수님을 대신하여 복음에 관한
> **무엇**과 **누구**를 선언하는 권리. 올바른 고백은
> 무엇인가? 진실한 고백을 하는 자는 누구인가?

교회에 부여된 천국 열쇠의 권위를 이해하는 데 도움이 될 만한 또 하나의 비유는 판사가 법정에서 하는 일이다. 판사는 법을 제정하지 않으며, 누군가를 무죄나 유죄로 만들지도 않는다. 그러나 판사에게는 정부를 대표하여 법을 해석하고, 그 해석에 기초하여 유죄와 무죄에 대한 공식적인 판결을 내릴 권한이 있다. 교회의 선언도 마찬가지다. 교회는 이 땅 위에서 천국을 대표하여 공식적으로 선언한다.

때로는 대사관의 대사나 법정의 판사처럼 교회도 잘못된 판결을 내리기도 한다. 그렇다 해도 이것이 예수님이 교회에 주신 직무임에는 변함이 없다.

성례전은 무엇인가? 우리의 천국 여권

교회는 어떤 방법을 통해 이와 같은 공식적인 판결을 내리는가?

첫째, 설교를 통해서 한다. 설교에 대해서는 앞 장에서 살펴보았다. 설교자는 설교를 통해 회중의 양심을 자신이 이해한 하나님의 말씀에 "매기도" 하고 "풀기도" 한다.

둘째, 교회는 예수님이 제정하신 성례전을 통해 매거나 푼다.

먼저 세례(또는 침례)를 준다. 세례는 교인이 되기 위한 첫 관문이다. 그리스도의 이름으로 모인 사람들은(마 18:20) 사람들에게 세례를 베풀어 그분의 이름 안으로 들어오게 한다(마 28:19). 세례를 통해 교회가 "이 사람은 예수님의 편입니다."라고 확언하는 동안, 우리는 "나는 예수님의 편입니다."라고 선언한다. 양측 모두 무언가를 말하는 것이다.

그 다음으로는 성찬(또는 주의 만찬)이다. 성찬은 가족이 함께하는 일상적인 식사이다(마 26:26-29을 보라). 교인의 자격은 어떻게 보면 성찬의 상에 참여할 수 있는 자격을 뜻한다고 할 수 있다. 우리가 성찬을 통해 서로를 계속해서 신자로 인식해 가기 때문이다. 바울의 말을 들어보자. "떡이 하나요 많은 우리가 한 몸이니 이는 우리가 다 한 떡에 참여함이라"(고전 10:17). 한 떡에 참여한다는 것은 우리가 한 몸이라는 것을 보여주는데, 이로써 우리가 신자임이 확언되는 것이다. 여기서 성찬의 떡이 표시하는 것이 무엇인지에 대해서는 교단마다 견해의 차이가 있다. 그러나 성찬이 교회의 식사라는 것과, 그것을 통해 전체 회중이 서로를 그리스도의 몸에 속한 지체로 확언한다는 것에 대해서는 이견이 없다.

이러한 성례전을 개인주의적으로 받아들이는 그리스도인들이 굉장히 많다. 집에서나 캠프에서 또는 해외 여행을 가서도 세례(또는 침례)와 성찬을 행하는 것이다. 특히 코로나19로 인해 사람들이 집에 머무는 시기에 이러한 생각은 더 매력적으로 느껴진다.

물론 빌립이 에디오피아 내시에게 세례(또는 침례)를 주었던 사례가 신약성경에 나온다(행 8:26-40). 신약성경은 반드시 교회적 세팅 안에서만 세례를 주어야 한다고 제한하고 있지는 않다. 미전도 종족에게 나아가 전도하는 선교사의 경우에는 교회적 세팅이 갖추어지지 않은 상태에서 세례를 주어야 할 필요가 있다. 하지만 보통은 교회의 세밀한 돌봄 아래, 교회로 모였을 때 이 두 가지 성례전을 시행한다. 3천

명의 사람들이 예루살렘 교회 "안으로" 세례(또는 침례)를 받았을 때에도 그러했다(행 2:41). 마찬가지로 바울은 "주의 몸을 분별"하면서(고전 11:29) 성찬에 참여하라고 경고한다. 그리고 먹기 전에 "서로 기다리라"(33절)고 한다. 이것은 교회적 행사이기 때문이다.

한 번은 내가 교회에서 성찬을 받을 때 주변의 형제들에게 이렇게 말한 적이 있다. "먹고 마실 때 우리 서로를 바라보도록 합시다. 그리고 끝난 후에는 서로 안아줍시다." 나는 우리가 함께 하는 그 일의 공동체적인 속성을 포착하고 싶었다. 성도들은 당황해하면서도 내 제안을 받아들였다. 그래서 우리는 둥그렇게 모여 서로를 바라보며 성찬을 받고 서로를 안아주었다. 솔직히 약간 어색했고, 낄낄대는 사람도 있었다. 나는 이것을 똑같이 따라하라고 권하는 것이 아니다. 다만 성찬은 가족의 식사이지 개인의 일이 아니라는 것을 말하고자 한다.

교회 멤버십이란 무엇인가?

그렇다면 교회 멤버십이란 정확히 무엇인가?

교회 멤버십이란 우리가 서로를 신자로 공적으로 인정하고 서로에게 헌신하는 절차이다. 우리는 성례전을 통해 서로를 확언함으로써 멤버십을 창설한다. 정의를 내리자면, 교회 멤버십이란 그리스도인의 신앙고백과 제자 됨에 대한 교회의 '확언'과 '감독', 그리고 교회와 교회의 감독에 대한 그리스도인의 '복종'이 결합한 것이다. 이것을 아래 그림처럼 생각해볼 수 있다.

교회 멤버십이란

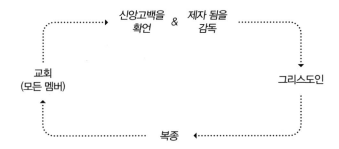

'복종'이란 말은 섬뜩하게 들린다. 특히 교회에 적용하면 더 그러하다. 그렇지만 반드시 언급할 필요가 있다. 교인은 교회의 지도자들이나 교회의 "기관"에 대해 막연한 의미의 관료주의적인 복종을 하는 것이 아니다. 교인은 한 가족과 그 구성원 모두에게 복종한다. 이를 당신의 입장에서는 다음과 같이 말할 수도 있다.

"나는 이 특정한 모임을 내 삶 속에 초청합니다. 나는 내가 책임감 있게 예수님을 따를 수 있도록 나를 유지시켜줄 것을 그들에게 요청합니다. 내가 그리스도인으로서 살아가는 일을 책임져 달라고 요청하는 것입니다. 만약 내가 낙심하면 그들은 나를 격려할 책임이 있습니다. 만약 내가 좁은 길에서 벗어나면 그들은 나를 바로잡아줄 책임이 있습니다. 만약 내가 심각한 경제적 위기에 처하게 되면 그들은 나를 돌봐줄 책임이 있습니다."

하지만 이러한 헌신은 양방향으로 향한다. 교회 안의 다른 교인들에게 나를 돌봐달라고 요청하는 동시에 나 역시 그들을 돌봐주겠다고 약속하는 것이다. 이제 당신은 앞의 그림에서 왼쪽에 있는 "교회"의 일부이며, 교회는 다른 이들을 확언하고 감독하고 있다. 이 점은 잠시 후에 다시 살펴보도록 하자.

지금까지 기술한 내용으로부터 또 한 가지 분명해지는 것이 있다. 그것은 세례(또는 침례)와 성찬, 그리고 교회 멤버십이 한묶음이라는 점이다. 예외가 있기는 하지만, 통상적으로는 교회에서 세례를 받음으로써 교인이 되고, 성찬은 자기 교회에서나 다른 교회를 방문할 때나 교인들에게 허락된 특권이다. 결국 이 세 가지는 다 함께 하나의 일을 한다. 즉 하나님의 백성을 확언하고 구별하는 것이다. 그래서 이 세상 나라들 위에 다음과 같이 선언한다. "이들은 천국의 시민이다."

보편 교회에 속하는 것으로 충분하지 않은가?

가끔씩 "나는 교회에 안 다녀도 돼. 이미 그리스도의 보편 교회에 속해 있거든."이라고 말하는 걸 좋아하는 사람들이 있다. (보편 교회란 신학자들이 일컫는 개념으로 온 역사를 통틀어, 모든 지역을 통틀어 존재하는 그리스도의 몸 전체를 뜻한다.) 이들의 말이 사실인가? 우리는 모두 회심을 통해 보편 교회의 일원이 되었으니 지역 교회 따위는 신경 쓰지 않아도 되는 걸까?

답은 "아니올시다."이다. 구원을 얻기 위해 지역 교회에 소속된 교인일(이 책에서 member의 번역으로 멤버와 교인이라는 말을 혼용하나 이 둘은 지역 교회에 등록된 사람을 지칭하는 말로서 같은 의미를 갖는다—편집주) **필요는 없다**는 말은 사실이다. 우리가 그리스도 안에서 의롭게 되는 것과 믿음을 갖게 되는 것이 전부 선물인 것처럼, 보편 교회의 일원이 되는 것 역시 선물이다(엡 2:11-22). 하지만 성경 말씀에 순종하기 위해서는 교회에 가입할 **필요가 있다.** 우리의 믿음이 선행을 "옷 입어야" 하는 것처럼(골 3:10, 12; 약 2:14-16), 보편 교회의 일원 됨도 지역 교회라는 "옷을 입어야" 한다. 보편 교회의 일원이 되었다는 것이 추상적인 관념으로만 남아 있어서는 안 된다. 보편 교회에 소속된 멤버십이 실제로 존재한다면 그것은 이 땅의 실제 시공간 속에서 실제 사람들 속에서 모습을 드러낼 것이다. 팬데믹으로 인한 봉쇄 속에서도 이 사실은 변하지 않는다.

성령님이 내주하시는 사람은 그리스도의 몸에 소속되길 원하는 소원을 갖게 된다. 이런 마음은 거부할 수 없다. 진정으로 보편 교회의 일원이 된 사람은 지역 교회의 일원이 되며, 그것은 다시 그가 보편 교회의 일원임을 증명하는 것이 된다. 아래 그림을 보자.

보편 교회와 지역 교회의 관계

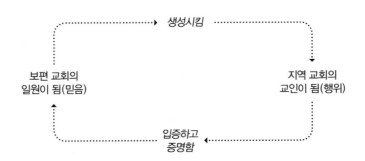

생성시킴

보편 교회의
일원이 됨(믿음)

지역 교회의
교인이 됨(행위)

입증하고
증명함

어쩌면 당신 주변에 교회를 멀리하는 기독교인으로 살다가, 믿음이 조금씩 시들해지거나 그 믿음이 완전히 소멸해 버린 친구들이 있을 것이다. 내 주변에도 그런 사람이 있었다. 나는 교회에 몇 달 정도 출석한 한 친구에게 이제 교인으로 등록하는 것이 어떻겠냐고 제안했는데, 그는 부담감을 원치 않아 거절했다. 그러던 중에 그는 심각한 죄에 발을 들여놓기 시작했고, 당연한 일이지만 교회 출석도 조금씩 뜸해지다가, 결국에는 완전히 교회를 떠나고 말았다. 어느 날 그는 나와 커피를 같이 마시면서 이렇게 말했다. "조녀선, 나는 더 이상 그리스도인이 아니야. 적어도 자네 같은 그리스도인은 아니야."

교회 멤버십은 안전한 양 우리를 제공한다. 그곳에서 그리스도께서는 목자가 되신다. 교회 멤버십은 영적 자양분의 공급을 제공한다. 이 자양분은 그리스도의 몸에 붙어 있는 데서 비롯한다. 그뿐 아니라 교회 멤버십은 가족을 제공한다. 그곳에서 신자는 그리스도께서 장자이신 가족의 상속자가 되어 그 가족의 사랑 안에서 살아간다. 그리고 그리스도께서 왕이신 거룩한 나라의 시민으로서 의무와 책임을 지게 된다.

교회 멤버십은 정말 성경적인가?

교회 멤버십이 성경에 있는지 물어 보는 사람들도 있다. 아마 당신도 궁금해한 적이 있을 것이다.

이 질문에 대답할 시간이 아주 약간 밖에 주어지지 않는다면, 나는 마태복음 18장 17절과 고린도전서 5장 2절 말씀에 대해 얘기할 것이다. 그 구절들은 어떤 이의 교회 멤버십을 박탈하는 것에 대해 말하고 있고, 교회 "안에" 있는 것이 무엇인지에 대해서도 말한다(고전 5:12). 나는 위 두 구절에 더하여 사도행전 2장에서 예루살렘 교회에 3천 명의 사람들이 더해졌다고 말하는 부분(41절)과 사도행전 6장에서 사도들이 교회를 불러모았다고 말하는 부분(2절)에 대해서도 얘기할 것이다. 물론 "교회 멤버십"이란 용어는 성경에 나오지 않는다. 하지만 "교회는 그를 위하여 간절히 하나님께 기도하더라"(행 12:5)라는 부분, 바울이 "갈라디아 여러 교회들에게"(갈 1:2) 편지를 썼다는 부분 등 신약성경에서 '교회'라는 말이 사용될 때는 거의 언제나 교회 멤버십 개념이 암시되어 있다. 비록 그 당시 사람들은 오늘날처럼 새 신자 등록 교육membership classes, 새 신자 안내 물품, 엑셀 파일로 된 교인 명단 등을 사용하지는 않았지만, 그럼에도 한 사람 한 사람의 이름을 통해 서로를 다 알고 있었다.

그런데 하나님이 우리 교회나 당신의 교회 같은 교회들을 향해 품으신 더 큰 뜻을 이해하기 위해서는 이보다 더 크고 중요한 그림을 볼 필요가 있다. 성경을 살펴보면, 하나님은 언제나 자기 백성 주위에 뚜렷한 구분선을 그으신 것을 발견할 수 있다. 에덴 동산 안과 밖이 있었고, 방주에도 안과 밖이 있었다. 애굽에 살던 이스라엘 백성도 고센 땅에 따로 분리되어 살고 있었기에 안과 밖이 있었다. 애굽 땅에 내려졌던 재앙들을 한 번 생각해보라. 어떤 재앙은 하나님의 백성이 아닌 애굽 사람들만을 표적으로 삼았다. 하나님은 이렇게 말씀하셨다.

> "그 날에 나는 내 백성이 거주하는 고센 땅을 구별하여 그 곳에는 파리가 없게 하리니 이로 말미암아 이 땅에서 내가 여호와인 줄을 네가 알게 될 것이라 내가 내 백성과 네 백성 사이를 구별하리니 내일 이 표징이 있으리라 하셨다 하라 하시고"(출 8:22-23).

하나님은 자기 백성을 구별하시려고 파리를 사용하셨다! 그 후 이스라엘은 광야로 떠났고, 하나님은 그들에게 정결법을 주셔서 진영의 안과 밖을 구별하는 선을 긋게 하셨다. 부정한 사람은 진영 밖으로 나가야만 했던 것이다. 그들이 도착한 약속의 땅에도 안쪽과 바깥쪽이 있었다.

하나님은 언제나 자기 백성을 구별하셨다. 이는 그들을 통해 자신의 영광을 드러내시기 위함이었다. 하나님은 이 대사관들이 눈에 띄는 구별되는 모습으로 세상 속에 우뚝 서 있기를 바라셨다. 바울은 구약의 용어들을 사용해서 다음과 같이 말했다.

> "너희는 믿지 않는 자와 멍에를 함께 메지 말라 의와 불법이 어찌 함께 하며 빛과 어둠이 어찌 사귀며 그리스도와 벨리알이 어찌 조화되며 믿는 자와 믿지 않는 자가 어찌 상관하며 하나님의 성전과 우상이 어찌 일치가 되리요 우리는 살아 계신 하나님의 성전이라 이와 같이 하나님이 이

르시되 내가 그들 가운데 거하며 두루 행하여 나는 그들의 하나님이 되고 그들은 나의 백성이 되리라 그러므로 너희는 그들 중에서 나와서 따로 있고 부정한 것을 만지지 말라 내가 너희를 영접하여 너희에게 아버지가 되고 너희는 내게 자녀가 되리라 전능하신 주의 말씀이니라 하셨느니라"(고후 6:14-18).

사람들이 성경에 교회 멤버십이라는 것이 나오느냐고 물을 때, 그들은 헬스클럽이나 동호회의 멤버십 같은 정형화된 무언가를 찾고 있다. 그런데 성경에 그런 것은 나오지 않는다. 그런 생각은 머릿속에서 지워버리자. 그 대신 "살아 계신 하나님의 성전"인 우리의 마음을 떠올리자. 위 구절에서 보듯이 바울도 하나님의 성전의 이미지를 사용해 우리의 존재를 설명했다. 이 성전은 불신자들과 "멍에를 함께 멜" 수 없고, 그들과 "함께할" 수 없으며, "사귈" 수 없고, "조화될" 수 없다. 왜 그런가? 하나님이 이 성전 안에 거하시며, 자신의 것으로 구별하시기 때문이다. 그럼에도 우리는 여전히 믿지 않는 사람들을 예배에 초대해야 한다(고전 14:24-25). 다만 중요한 점은, 교회는 세상을 향한 증인이 되어야 하므로 누가 교회에 들어올 수 있는지를 명확하게 해야 한다는 것이다. 하나님은 우리가 구별되기를 원하신다. 세상과 구별되어야 세상을 향해 매력적이고 눈길을 끄는 증거를 내보일 수 있다.

이처럼 교회 멤버십 개념은 신약의 서신서 안의 거의 모든 곳에서 기정 사실로 전제되어 있다. 다만 이를 표현하는 언어가 다를 뿐이다. 교회 멤버십은 한 가정의 멤버가 되는 것과 같다. 거기에는 가족으로서의 의무가 따른다. 교회 멤버십은 또한 한 몸의 지체가 되는 것이다. 따라서 여타의 수많은 지체들과 역동적으로 연결되는 것을 수반한다. 성경에서 교회를 가리키는 모든 비유는 멤버십이 무엇인지 이해하는 데 도움이 될 뿐만 아니라 또한 반드시 필요하다. 왜냐하면 세상에는 교회와 같은 것이 없기 때문이다.

교인 됨에는 직무가 따름

다시 한 번 교회는 천국의 대사관 혹은 전초 기지라는 개념으로 돌아가보자. 이번 장에서 우리가 제시하고자 하는 마지막 논점은, 교인이 되는 것은 단순히 어떤 신분을 얻는 것을 넘어 하나의 직분 혹은 직무라는 것이다. 교인은 직무를 수행해야 한다(히 10:24-25).

앞에서 내가 벨기에 브뤼셀에 있는 미국 대사관에 들어가 만료된 여권을 내밀자 새 여권을 발급해주었다고 말한 것을 기억하는가? 대사관은 새 여권을 발급해주면서 동시에 나에게 그 여권을 직접 확인하게 했다. 그것이 바로 교인 된 자가 해야 하는 일이다. 즉 교인이 된 자는 복음의 '무엇'과 '누구'를 지켜내고, 확언하며, 선언하는 일을 해야 한다. 그것이 교인 된 자의 직분이다.

이 직분은 어디에서 오는가? 그 기원을 추적하다 보면 성경 전체가 하나로 묶여 있음을 알게 된다. 참으로 흥미롭다 하지 않을 수 없다. 창세기 1장에서 하나님이 아담에게 "생육하고 번성하여 땅에 충만하라"(28절)고 명령하셨다. 아담은 '왕'이 되어야 했던 것이다(시편 8편도 보라). 그 후에 창세기 2장에서 하나님은 아담에게 동산을 "경작하며 지키게"(15절) 하셨다. 아담은 또한 '제사장'이 되어 하나님이 거하시는 장소를 거룩하게 지켜야 했던 것이다. 즉 하나님은 아담이 제사장이자 왕이 되게 하셨다.

왕으로서의 아담의 직무 :
새로운 영토를 복속시키고 다스리는 것

제사장으로서의 아담의 직무 :
하나님이 거하시는 동산을 거룩하게 지키는 것

물론 아담은 이와 같은 직무 수행에 실패했다. 뱀의 침입을 허용했던 것이다. 노아와 아브라함은 물론, 국가로서의 이스라엘 역시 실패했다. 그런 뒤에 그리스도께서 오셔서 제사장과 왕의 직무를 완벽하게 수행하셨고, 후에는 우리에게도 그 직무를 맡기셨다. "너희는…왕 같은 제사장들이요"(벧전 2:9).

여기에 놀라운 점이 있다. 우리가 교인이 됨으로써 맡게 되는 직무는 본래 아담의 직무였다. 다만 그것은 새 언약 버전이다. 우리는 왕으로서 동산의 지경을 널리 확장해야 하고, 동시에 제사장으로서 그 동산을 잘 살펴야 한다.

우리는 왕으로서 제자를 양성하고 화해의 사절이 되기 위해 노력해야 한다. 더 많은 영혼을 하나님께 돌아오게 함으로써 이 땅 위에 복음의 지배 영역을 넓혀 나가는 것이 우리의 목표이다. 이에 대해서는 8장에서 지상명령(마 28:18-20; 고후 5:18-20)과 함께 조금 더 살펴보도록 하겠다.

멤버로서의 왕의 직무 :
제자를 삼고 왕국을 확장하는 일

멤버로서의 제사장의 직무 :
복음의 '무엇'과 '누구'를 지켜내고 왕국을 보호함으로써
우리의 거룩을 유지하는 일

제사장으로서 우리의 직무는 하나님이 거하시는 곳, 곧 교회를 잘 살피는 것이다. 우리는 복음의 '무엇'과 '누구'에 주의를 기울임으로써 우리 개인이나 공동체의 삶 속에서 거룩하지 못한 것들로부터 거룩한 것을 구별하여 지켜내야 한다. 회중 교회에서 그것이 의미하는 바는 누가 교인인지 아닌지를 결정하는 일에 관여하는 것을 뜻한다. 그 밖의 모든 교회에서는 온 교인이 함께 거룩한 삶을 살아가고, 교회가 복음에서 떠나지 않도록(행 17:11) 최선을 다해 서로 돕는 것을 뜻한다. 이 점에 대해서는 다음 장에서 교회의 권징(고전 3:16-17; 고후 6:14-7:1)과 관련하여 좀 더 살펴보겠다.

우선 지금 당장 생각의 전환이 필요한 부분은 교인이 되는 것은 수동적인 일이 아니라는 점이다. 그것은 단순히 어떤 신분이 아니다. 그것은 사적인 친목 모임, 소비자 단체, 혹은 고객 보상 프로그램 등

에 가입하는 것과는 다르다. 그것은 감당해야 할 일정한 직무이다. 당신은 직무 교육을 받을 필요가 있다. 당신은 혼신을 기울여 이 일에 뛰어들어야 한다. 당신은 선한 영향을 미칠 방법에 대해 생각해야 한다. 당신은 이번 주에 어떤 열매를 맺을 것인가? 당신은 공동체 전체에 유익이 되는 의미 있는 일을 하고 있는가, 아니면 그저 게으름만 피우고 있는가?

그리고 복음의 '무엇'과 '누구'를 잘 살피는 것이 당신의 직무라면 당신은 복음을 공부하고 이해해야 한다. 복음이 의미하는 바는 무엇인가? 복음을 위협하는 것은 무엇인가? 복음은 삼위일체, 죄, 종말의 때와 같은 신앙의 교리들과는 어떤 연관성이 있는가? 복음은 직장에서의 일, 세상 시민으로서의 삶, 자녀 양육과 관련해서는 어떤 의미를 갖는가? 명목상의 믿음이나 가짜 믿음이 아닌 참된 믿음은 어떤 삶을 낳는가? 단지 연약함 때문에 죄에 빠지는 교인과 양의 탈을 쓴 이리처럼 악하여 의도적으로 죄를 추구하는 교인을 구분할 수 있는가? 그런 두 부류의 교인들을 각각 어떻게 상대해야 하는가? 참 교사와 거짓 교사를 구분할 수 있는가?

또한 당신은 당신 교회의 다른 교인들과 교제하며, 그들을 위해 당신의 삶을 쏟아붓고 있는가? 그들 때문에 당신의 일정이 틀어져도 괜찮은가? 그들이 어려울 때 경제적인 도움을 주고 있는가? 그렇지 않다면 그저 일주일 내내 자기 자신만을 위해 살다가, 교회 생활은 일요일에 90분 정도 교회에 모습을 드러내는 것이 교회 생활의 전부인가?

우리는 우리의 직업을 위하여 여러 해 학교에 다니고, 때론 대학도 다닌다. 그리고 그렇게 해서 직업을 얻으면 일주일에 40시간을 그 일에 쏟아부으면서 끊임없이 배우고, 훈련하며, 성장한다. 다 좋은 일이다. 그런데 복음의 사람들을 보호하고 복음의 지배 영역을 넓히는 일에 그와 비슷한 정도로 집중하며, 의도적으로 행하며, 열심히 일한다면 그것은 어떤 모습으로 드러나겠는가?

만만찮은 일

누군가가 내가 목회하고 있는 교회의 교인이 되길 원한다면, 나는 그와 면담을 마치면서 다음과 같이 말할 것이다.

> 형제님(자매님), 이 교회의 교인이 되시면 앞으로 온 회중이 계속해서 신실하게 복음을 선포하는지 그렇지 않은지에 대해 공동의 책임을 지시게 됩니다. 다시 말해서, 이 교회의 가르침에 대해서뿐 아니라 교인들이 계속해서 신실한 삶을 살아가는 것에 대해 공동의 책임을 지는 것입니다. 언젠가는 하나님 앞에 서서 이 책임을 잘 완수하였는지에 대해 보고하시게 될 것입니다. 우리는 추수할 일손이 더 많이 필요합니다. 그러니 형제님(자매님)이 이 일에 동참하기를 바랍니다.

새 신자 면담은 일종의 취업 면접과 같다. 예수님은 베드로에게 그분의 교회를 세우는 일을 맡기기 전에 "너는 나를 누구라고 생각하느냐?"라고 물으셨다. 우리도 그와 같이 해야 한다. 즉 예수님이 누구신지, 그리고 교인이 됨으로써 어떤 직무를 감당하게 되는지를 사람들이 바로 알게끔 해야 한다.

추천 도서

Leeman, Jonathan. *Church Membership: How the World Knows Who Represents Jesus*. Wheaton, IL: Crossway, 2012. 《교회의 교인 자격》부흥과개혁사 역간.

McCracken, Brett. *Uncomfortable: The Awkward and Essential Challenge of Christian Community*. Wheaton, IL: 2017.

교회는 그리스도인들의 모임이다

↓

그 모임은 그리스도의
하늘 왕국의 대사관이다

↓

그들은 기쁜 소식과 왕이신
그리스도의 명령을 선포하며

↓

지정하신 규례를 통해
서로를 그 나라의 시민으로 확언하며

↓

**하나님의 거룩하심과
사랑을 드러낸다**

↓

하나로 연합된
다양한 사람들을 통해

↓

온 세상 가운데

↓

장로들의 가르침과
모범을 따라

6장

교회의 권징은 정말로 사랑인가?

조너선 리먼

"교회 권징Church Discipline"이라는 말을 들으면 깜짝 놀랄 수 있다. 교회
가 정말 권징을 한다고? 사랑으로 권징을 하는 것이 가능한가? ("권
징"에 해당하는 영어 단어는 'discipline'이다. 그런데 이 단어는 교회라는 특정 상황에서
만 쓰이는 말이 아니며, 그보다 더 일상적으로는 부모가 아이를 "징계"하는 것을 가리키는
말로 사용된다. 따라서 영어권 독자들에게, 특히 기독교적 배경이 없다면 더더욱 "Church
Discipline"이라는 말은, 마치 부모가 아이의 잘못된 습관이나 예절을 바로잡기 위해 징계하
는 것처럼, 교회도 교인을 그렇게 징계하는 모습을 연상시키기 때문에 흠칫 놀랄 만한 표현
일 수 있다고 한 것이다.—역자주).

사실 교회의 권징은 기독교의 제자도에 있어서 없어서는 안 될 부
분이다. **제자**와 **권징**이란 말은 그 자체로 매우 밀접한 관련이 있다(영

어로는 제자^{disciple}라는 단어와 권징^{discipline}이라는 단어가 동일한 어원을 가지고 있기에 그 시각적 효과가 더욱 두드러진다.—역자주). 제자를 삼는 일에 가르치는 것과 함께 바로잡는 것이 포함된다고 한다면, 대개는 바로잡는 것과 관련된 부분에만 "권징"이란 용어를 사용한다. 성장을 위해서는 가르침과 바로잡음 모두가 다 필요하다. 수학 선생님이 가르치는 일은 잘하는데 틀린 문제를 바로잡아주는 일은 전혀 하지 않는다면 학생들의 수학 실력이 어떻게 좋아질 수 있겠는가? 또는 골프 강사가 스윙하는 시범만 보여줄 뿐, 공을 잘 맞추지 못하는 사람에게 합당한 조언을 해주지 않는다면 어떻겠는가?

마찬가지로 그리스도의 제자를 삼는 일에는 가르치는 것과 바로잡는 것이 다 포함되며, 일반적으로 그 뒷부분, 즉 **죄를 바로잡는 것**에 대해 "교회 권징"이라는 용어를 사용한다. 권징의 절차는 개인적으로 경고의 메시지를 전하는 일에서부터 시작된다. 한 번은 친구가 교회 복도에 있는 의자에 나를 앉히더니 "너는 너무 이기적인 것 같아."라며 몇 가지 부인할 수 없는 예를 들었다. 달가운 말은 아니었지만 또 틀린 말도 아니었다. 그 친구는 내게 직설적으로 표현함으로써 내가 더 성장할 수 있게 도와준 것이다. 권징의 절차는 둘 중의 하나로 끝이 난다. 회개하면 거기서 바로 끝나지만, 그렇지 않으면 필요한 경우에 교회는 회개하지 않은 사람의 교인 자격을 박탈하여 성찬의 상에 참여할 수 없게 한다.

때로는 "교회 권징"이라는 말을 더 좁은 의미로 이 마지막 단계에 대해서만 사용하기도 한다. 그런 경우에는 "김 모씨가 교회에서 권징을 받았다."고 말하는데, 이는 그의 교인 자격이 박탈되어 성찬 상에 참여할 수 없게 되었다는 뜻이다. 그리고 이와 같은 최종 단계를 지칭하는 말로는 "교제 밖으로" 내보낸다는 뜻의 **출교**라는 용어를 사용하기도 한다.

교회 권징의 이 마지막 단계는 교인 자격을 박탈하는 것이다. 지난 장에서 보았던 것처럼 멤버십에는 신앙고백을 **확언**하는 것이 관련되어 있다. 따라서 권징이 최종 단계에까지 이르렀다는 것은 (1) 회개하지 않은, (2) 입증가능한, (3) 중대한 죄 때문에 그 사람의 신앙고백에 대한 확언을 **말소**한다는 뜻이다. 다만 교회가 누군가의 멤버십을 박탈한다고 해서, 그 사람이 더 이상 그리스도인이 아니라고 확실하게 선언하는 것은 아니다. 교회에는 사람의 마음을 꿰뚫어볼 수 있는 성령님의 투시력 같은 것이 없다. 대신 교회가 의도하는 것은 다음과 같다. "우리는 더 이상 당신의 신앙고백을 공적으로 확언해줄 수 없습니다. 당신은 당신의 삶 속에 자리하고 있는 그 죄를 내려놓기를 거부했고[기준 1], 그 죄에 대한 증거가 논쟁의 여지가 없으며[기준 2], 그 죄는 대단히 중대하여[기준 3], 당신이 했던 신앙고백의 진정성이 심각하게 훼손되었기 때문입니다."

여기서 죄가 중대하다는 것은 얼마나 중대한 것을 말하는가? 그것은 사안별로 판단해봐야 분명히 알 수 있겠지만, 최소한의 기준은 다른 죄와는 다르게 어떤 죄는 그것을 회개하지 않을 경우 신앙고백의 진정성이나 신뢰성을 해치게 된다는 점이다. 예를 하나 들어보자면, 아내의 부드러운 만류에도 불구하고 집안의 아이스크림을 모조리 먹어 버린 이기적인 남편을 교회에서 출교시키지는 않을 것이다. 하지만 남편이 아내를 버렸다면 그는 당연히 출교되어야 한다.

일반적으로 권징을 받아 교인 자격을 상실한 사람도 교회의 공적 모임에 얼마든지 참석할 수 있게 해야 한다(물론 그 사람이 물리적인 위협을 가하거나 교회 밖에서 협박하는 등의 문제가 없을 경우에 한한다). 그럼에도 그는 더이상 교회의 교인으로 간주되지는 않으며, 따라서 성찬에 참여할 수도 없다. 그가 예배 후에 복도에서 누군가와 마주치더라도 아무 일 없듯이 편하게 대화할 수는 없을 것이다. 우리는 담담하고 침착하게, 진심 어린 마음으로 그의 회개를 촉구해야 하기 때문이다.

학교에서 낙제점을 주는 것이 학생에게 벌을 내리거나 응징하기 위한 것이 아니듯, 교회 권징의 목적도 벌이나 응징이 아니다. 권징의 핵심은 사람에게 회개를 촉구하는 것이다. 그래서 바울도 이렇게 말한다. "이런 자를 사탄에게 내주었으니 이는 육신은 멸하고 영은 주 예수의 날에 구원을 받게 하려 함이라"(고전 5:5).

또한 교회 권징은 죄 가운데 있는 그 개인에게만 유익한 것이 아니라 교회 전체에게 유익하다. 특히 다른 사람으로부터 이용당하기 쉬운 사람들을 보호하는 유익이 있다. 최근에 교회가 학대 사건을 부주의하게 처리하는 모습을 본 몇몇 사람들이 교회를 떠나는 일이 있었다. 그러나 어떤 사람들이 권징을 미흡하게 행했다고 해서 그것을 아예 내다 버리는 일이 없도록 주의해야 한다. 그보다는 당신의 교회를 도와 그 교회의 성경적인 비전을 향해 나아갈 수 있게 하라. 그렇게 변화된 교회 안에서는 학대가 숨을 곳을 찾기 힘들 것이며, 이용

당하기 쉬운 지체들은 회중의 교제 안에서 가장 안전한 장소를 찾을 수 있을 것이다. 그러한 성경적인 비전은 제자화^{discipling}와 권징^{discipline}을 포함하며, 교인들은 자신의 허물을 감추지 않고 투명한 삶을 살고, 혹 죄를 지어도 그 죄가 비교적 "작을" 때 그것을 고백할 수 있음을 안다. 이러한 시스템이 장착된 교회는 행여 "더 큰" 죄가 그 안에서 발생해도 능숙하게 대처하는 공개적인 절차를 갖고 있다(그 죄를 공적으로 알리고 죄 지은 자를 교제에서 배제하는 것을 포함함).

세상적인 사랑 개념

이상에서 교회 권징에 관해 간략하게 정리해보았다. 이제 본 장의 나머지 부분에서는 사랑이라는 더 큰 차원의 담론 가운데서 교회의 권징을 살펴보고자 한다. 오늘날 우리가 권징을 꺼리는 이유는 그것이 사랑이 아닌 것처럼 느끼기 때문이다.

나는 1990년대 초에 처음으로 교회 권징을 목격했다. 그 당시 나는 아직 미혼이었다. 그때, 나와 함께 운동도 하며 가깝게 지내던 친구가 있었다. 그와 함께 점심을 먹으면서 나의 연애에 대해 대화를 나눴다. 나는 그 친구의 관심사에 대해서도 물었는데, 그는 자신의 삶이 죄 가운데 있음을 인정했다. 나는 그에게 성경의 가르침을 알고 있냐고 물었고, 그는 알고 있다고 대답했다. 그러나 그는 성경이 잘못되었다고 확신하였으며, 회개하기를 거부했다. 며칠 후 나는 가까운 친구 한 명을 더 데리고 가서 그를 만났으나 돌아오는 답변은 똑

같았다. 결국에는 교회의 장로들이 개입하였지만 그들도 같은 대답을 들었다. 최종적으로 장로들은 교회에 이 안건을 제출했고, 교회는 그 친구에게 두 달간의 시간을 주어 회개를 촉구했다. 그러나 그는 끝까지 돌이키지 않았고, 결국 교회는 권징을 통해 그의 교인 자격을 박탈하는 결정을 내렸다. 그의 죄는 앞에서 살펴본 세 가지 기준에 모두 부합했다. 그는 **회개하지 않았고**, **그 죄는 입증가능했고**(모두가 증거에 동의함), 그 죄는 그가 했던 신앙고백의 진정성을 크게 훼손하기에 충분할 정도로 **중대한** 것이었다.

그 몇 달 동안 나는 우리가 정말 사랑을 행하고 있는지 가끔 갸우뚱했다. 교회 권징 절차를 밟아나가는 것은 항상 사랑하는 것 같은 **느낌**을 주지는 않기 때문이다. 세상 문화의 본능은 내 귀에 그것은 사랑하는 것이 아니라고 속삭였다.

우리가 살아가는 세상에서는 사랑을 우주가 점지해준 혹은 하나님이 짝지어주신 천생연분을 만났을 때 일어나는 불같은 느낌으로 이해한다. 나의 빈 공간을 "채워주는" 누군가를 발견했을 때 그 사랑은 "생겨난다." 또한 사랑이란 미명하에 자기 자신의 불을 추구하는 것을 정당화한다. 이때, 사랑을 찾는 문제는 자신을 알고, 자신을 표현하며, 자신을 실현하는 일이 되어버린다. 만약 사랑 때문에 부모, 친구, 교회, 전통적인 도덕 관념, 심지어 사회 전체를 버려야 한다 해도, 될 대로 되라는 식이다. 사랑은 그저 내 소견에 옳은 일을 하도록 요구할 뿐이다.

사랑은 판단하지 않으며, 사람을 자유롭게 한다는 말을 흔히 듣는

다. 이것은 마지막 비장의 카드이고, 모든 논쟁을 끝내는 논거이며, 하고 싶은 대로 하는 것을 정당화해주는 최고의 논리이다. 사람들은 이렇게 말한다. "하지만 난 그것을 사랑해…" "걔네들이 정말로 서로 사랑한다면 당연히 인정해야지…" "하나님이 사랑이시라면 절대 …하지는 않으실 거야."

오늘날의 사람들에게 사랑은 타협의 여지가 있을 수 없는 절대적인 법이다. 세상은 하나님이 사랑이심을 믿지 않고, 사랑이 신이라고 믿는다.

안타까운 일은 사랑을 이렇게 정의하는 것이 그저 "교회 밖"의 문화만은 아니라는 점이다. 그리스도인들 역시 사랑에 대한 그런 관점 앞에 너무도 자주 무릎을 꿇고 있다.

교회의 재발견을 돕기 위해 본 장에서 우리는 다음의 세 가지 점을 확고히하고자 한다. 첫째, 교회 권징은 성경적이다. 둘째, 권징은 사랑이다. 혹 사랑의 방법을 따라 권징을 행하지 않는 교회가 있을 수 있다 하더라도, 예수님이 제정하신 권징은 사랑임에 틀림없다. 셋째, 가장 놀라운 것은 권징을 통해 우리는 하나님의 거룩한 사랑을 배운다는 점이다.

이 모든 것들이 당신에게 무엇을 의미하는지 실천적으로 생각해보면서 이 장을 끝맺고자 한다.

권징은 정말 성경적인가?

첫째, 교회 권징이 정말 성경에 나오는가? 그렇다.

마태복음 18장. 예수님은 마태복음 18장에서 길 잃은 양 한 마리를 찾기 위해 아흔아홉 마리를 두고 떠난 목자의 선한 행동에 대해 가르치시면서(10-14절), 이 주제를 꺼내신다. 우리는 어떻게 잃어버린 자를 찾아야 하는가? 예수님의 답변을 들어보자.

> "네 형제가 죄를 범하거든 가서 너와 그 사람과만 상대하여 권고하라 만일 들으면 네가 네 형제를 얻은 것이요 만일 듣지 않거든 한두 사람을 데리고 가서 두세 증인의 입으로 말마다 확증하게 하라 만일 그들의 말도 듣지 않거든 교회에 말하고 교회의 말도 듣지 않거든 이방인과 세리와 같이 여기라"(15-17절).

예수님은 문제를 할 수 있는 한 조용히 처리하라고 하신다. 그러나 필요하다면, 그 문제를 기꺼이 교회 전체에게 가져가라고 하신다. 우리는 다 그리스도 안에서 한 가족으로서 같은 성(姓)을 공유하므로 상호적인 확언도 공유한다. 몸의 각 부분이 서로에게 책임이 있듯이, 우리는 서로에 대해 책임이 있다.

또한 예수님이 적법한 절차를 강조하고 계심을 유의하라. 문제가 있으면 구약의 율법과 같이(신 19:15) 두세 사람의 증인으로 그것을 확정해야 한다. 교회 안에 거짓 고발이나 군중 재판이 횡행하지 않도록 방지하신 것이다. 목사가 어떤 이의 성격에 대해 "저분은 교만한 분이군요."라는 식으로 개인적인 해석을 제시해서는 안 되며, 죄가 있다면 논쟁의 여지없는 객관적 사실을 통해 입증해야 한다.

고린도전서 5장. 바울도 위와 동일한 내용을 고린도전서 5장에서 가르친다. 고린도 교회 안에 아버지의 아내와 잠자리를 한 교인(1절)이 있었다. 교회는 이미 그러한 상황을 알고 있었음에도 불구하고 무슨 이유에선지 교만하게 행동했다. 어쩌면 사랑과 관용을 베푼다고 생각했는지도 모르겠다. 바울은 그들이 교만하게 행동해서는 안 된다고 하면서, 그러한 일을 행한 사람을 "쫓아내지" 않은 것(2절)을 꾸짖었다.

바울이 제시한 처리 과정은 예수님이 말씀하신 과정들보다 훨씬 더 신속하다. 이 사실을 우리는 어떻게 받아들여야 할까? 교회 권징에는 이거 하나면 다 되는 마스터키 같은 절차는 없다. 각각의 경우를 세심하고 지혜롭게 다루어야 하며, 개별 사안에서 밝혀진 사실과 구체적인 배경 등을 꼼꼼이 살펴야 한다. 사랑으로 대하는 것만이 전부가 아니라 지혜도 필요하다.

고린도전서 5장에서 우리는 권징의 목적에 대해서도 알 수 있다.

첫째, 권징은 죄를 드러낸다(2절을 보라). 죄는 암 덩어리와 같아서 그 모습을 감추려는 성질이 있다.

둘째, 권징은 다가올 더 큰 심판에 대해 경고한다(5절).

셋째, 권징은 구원한다. 권징은 모든 경고가 묵살될 때 교회가 사용할 수 있는 최후의 수단이다(5절).

넷째, 권징은 다른 교인들을 보호한다. 암 세포가 다른 세포들로 전이되는 것처럼, 죄 역시 다른 사람에게 빠르게 퍼진다(6절).

다섯째, 권징은 교회가 세상의 길을 행하려 할 때 즉시 제동을 걸어 교회의 증언을 보존한다(1절 참조). 교회는 세상의 소금과 빛이 되어야 한다. 예수님은 "소금이 만일 그 맛을 잃으면 무엇으로 짜게 하리요 후에는 아무 쓸 데 없어 다만 밖에 버려져 사람에게 밟힐 뿐이니라"(마 5:13)라고 말씀하셨다.

교회 권징을 통해 우리는 하나님의 사랑을 배움

머리로는 예수님이 우리에게 교회 권징을 명하셨다는 것을 확실히 알면서도, 여전히 본능적으로 권징에는 사랑이 없는 것 같다는 막연한 생각으로 예수님의 가르침을 따르기를 두려워할 수 있다. 이것은 우리가 예수님보다 더 사랑이 많다고 생각하는 셈이다.

우리는 그러한 본능적 생각들을 뜯어 고쳐야 한다. 그럼 이제 이렇게 물어보자. 교회 권징은 정말로 사랑을 행하는 것인가?

성경은 명백하게 권징을 사랑과 연결시킨다. "주께서 그 사랑하시는 자를 징계하시고"(히 12:6, 여기서 사용된 한글 번역은 권징이 아닌 "징계"이지만, 영어로는 "discipline"을 사용함—역자주). 하나님은 사랑과 권징을 서로 상충하는 것으로 여기지 않으시며, 사랑의 동기로 권징을 행하신다.

히브리서 저자는 징계를 사랑의 행동으로 묘사한다. 징계를 통해 우리가 거룩함과 의로움과 평강 가운데 성장해 가기 때문이다. "하나님은 우리의 유익을 위하여 그의 거룩하심에 참여하게 하시느니라 무릇 징계가 당시에는 즐거워 보이지 않고 슬퍼 보이나 후에 그로 말미암아 연단 받은 자들은 의와 평강의 열매를 맺느니라"(히 12:10-11). 여기서 "의와 평강의 열매"라는 표현은 과수원에 열매들이 주렁주렁 달려 있는 모습을 연상시킨다. 너무나 아름다운 광경이지 않은가?

사실 성경에는 오늘날의 '사랑 = 자기 표현' 식의 문화와는 상이한 말씀들이 많이 있다. 사랑은 불의를 기뻐하지 아니하며 진리와 함께 기뻐한다(고전 13:6). 사랑은 진리의 동반자이다(요이 1-3절). 따라서 스스로 사랑이 많다고 하면서 진리를 따라 살지 않고 하나님이 불의라 칭하시는 것들을 기뻐하는 자는 거짓된 사랑에 속고 있는 것이 분명하다.

예수님은 사랑을 계명 준수와 연결시키신다. 예수님은 "내가 아버지를 사랑하는 것과 아버지께서 명하신 대로 행하는 것을 세상이 알게 하려 함이로라"(요 14:31)라고 말씀하셨다. 또한 "나의 계명을 지키는 자라야 나를 사랑하는 자니"(요 14:21)라고 말씀하셨다. 심지어 우리가 그분의 계명을 지키면 그분의 사랑 안에 거하게 되리라는 말씀도 하셨다(요 15:10). 그리고 요한은 우리가 하나님의 말씀을 지키면 하나님의 사랑이 우리 안에서 온전하게 될 것이라고 말했다(요일 2:5).

이런 말씀들에 기초해볼 때, 대부분의 사람들이 가지고 있는 사랑에 대한 인식은 근본적인 방향 전환이 필요해 보인다. 성경에서 (믿음처럼) 사랑은 순종을 낳고, 순종은 곧 사랑(과 믿음)의 표징이다. 이것을 그림으로 나타내면 다음과 같다.

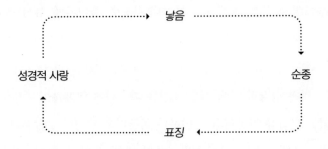

"하나님은 사랑이시라"(요일 4:16)라는 성경의 교훈을 생각해보라. 하나님을 사랑한다 하면서 하나님을 떠나 행하는 사람을 가장 사랑하는 방법은, 그들에게 "아니요, 아닙니다, 안 됩니다. 하나님이 사랑이십니다. 그러니 사랑을 원한다면 하나님께로 돌아오세요."라고 말해주어 그들을 바로잡아주는 것이다. 하나님을 거스르고 그분께 순종하지 않으면 사랑에서 멀어지게 된다. 그들은 그것을 사랑이라 부를지 몰라도 실상은 사랑이 아닌 것이다.

하나님이 사랑이시라면, 사람들에게 복음을 전하여 그들이 하나님을 알 수 있도록 하는 것이 우리가 그들을 사랑하는 길이다.

하나님이 사랑이시라면, 사람들에게 하나님이 명하신 모든 것을 가르쳐 그들이 하나님의 형상을 드러내게 하는 것이 우리가 그들을 사랑하는 길이다.

하나님이 사랑이시라면, 사람들이 하나님에게서 멀어질 때 그들을 바로잡아주는 것이 우리가 그들을 사랑하는 길이다.

하나님이 사랑이시라면, 사람들이 하나님의 뜻보다는 자신의 욕

망을 고집할 때 그들의 멤버십을 박탈하는 것이 우리가 그들을 사랑하는 길이다. 왜냐하면 그런 사람들이 생명과 사랑을 회복할 수 있는 유일한 소망은 자기들이 스스로 하나님에게서 떨어져 나가고 있음을 깨닫는 것이기 때문이다.

그렇다면 교회는 사랑하기 위해 권징을 실천해야 한다.

- 죄인에 대한 사랑으로, 그들이 회개하도록.
- 다른 교인들에 대한 사랑으로, 그들이 미혹되지 않도록.
- 믿지 않는 이웃에 대한 사랑으로, 그들이 교회에서 더 세속적인 모습을 보지 않도록.
- 그리스도에 대한 사랑으로, 우리가 그분의 이름을 올바로 나타낼 수 있도록.

하나님의 거룩한 사랑

교회의 권징을 통해 하나님의 사랑에 대해 우리가 배울 수 있는 것이 하나 있는데, 이는 우리가 하나님의 사랑에 대해 정의할 때 자주 간과하는 것이기도 하다. 그것은 하나님의 사랑은 거룩하다는 점이다. 하나님의 사랑은 그분의 거룩하심과 따로 떼어서 생각할 수 없다. 하나님은 사랑으로 그분의 거룩한 뜻을 이루시며, 그분의 거룩한 뜻 안에는 사랑이 가득하다. 이따금 사람들은 소위 "거룩의 교회"와 "사랑의 교회"를 대립 구도 속에 두기도 한다. 그런데 그것은 불가능한 일이다. 교회 안에는 그 두 가지가 모두 있든지, 아니면 하나도 없든지 둘 중 하나이다.

사랑과 거룩함의 관계를 통해 우리는 또한 성경에서 오랫동안 이어져 온 주제인 '배제'와 '추방'을 이해할 수 있다. 마태복음 18장이나 고린도전서 5장의 말씀들에서 하나님은 기존에 하시지 않던 새롭고 별다른 일을 하시는 것이 아니다. 그저 하나님이 과거부터 늘상 해오시던 일을 하시는 것이다. 즉, 하나님은 언제나 그분의 임재 가운데서 죄를 제거하신다. 아담과 하와가 죄를 지었을 때 하나님은 그들을 동산에서 배제하셨다. 타락한 세상을 노아의 방주에서 배제하셨다. 가나안 사람들을 약속의 땅에서 배제하셨고, 결국에는 그분의 백성 또한 그 땅에서 배제하셨다. 성막과 관련된 모든 율법도 부정하고 불결한 것들을 거기서 배제하기 위함이었다. 그리고 마지막 날에 그리스도의 성육하신 삶, 대속적 죽음, 죽음을 이기는 부활을 의존하지 않는 모든 이들을 배제하실 것이라고 약속하셨다.

그러나 거기서 끝이 아니다. 하나님은 죄와 죄인들을 배제하실 때에도 그와 동시에 사람들을 자신에게로 이끄셨다. 그렇게 하시는 이유는 그들을 하나님의 형상으로 다시 변화시켜 하나님의 거룩한 사랑을 온 천하에 나타내시려는 것이다. 즉 "물이 바다를 덮음 같이 여호와의 영광을 인정하는 것이 세상에 가득하게"(합 2:14) 하시기 위함이다. 어떻게 그런 일이 있을 수 있겠는가? 아담과 하와에게 땅에 충만하라고 하신 하나님의 명령을 다시 한 번 생각해보라. 그분의 형상을 지닌 자들, 성령으로 거듭난 자들이 그 처음의 명령을 이행할 수 있다.

그리하여 하나님의 사랑과 거룩함과 의로움이 가득한 형상을 온 세상에 나타낼 것이다.

교회들이 이를 위한 첫걸음이다. 교회는 하나님의 영광스럽고 거룩한 사랑을 드러내는 대사관이다. 바울의 말과 같이, 하나님은 "교회로 말미암아 하늘에 있는 통치자들과 권세들에게 하나님의 각종 지혜를 알게 하려 하"신다(엡 3:10). 이 목적을 이루기 위해 바울은 우리가 "능히 모든 성도와 함께 지식에 넘치는 그리스도의 사랑을 알고 그 너비와 길이와 높이와 깊이가 어떠함을 깨닫게"(18-19절) 해주실 것을 간구한다. 하나님의 지혜와 영광을 나타내는 것은 그리스도의 사랑의 너비와 길이와 높이와 깊이를 알고 경험하는 것을 뜻한다.

이것은 당신에게 무엇을 의미하는가

교회의 권징에 대해 배워야 할 것이 아직 더 남아 있다. 만약 죄인이 회개한다면 교인 자격이 회복되는 시점은 언제인가? (회개가 있을 때.) 교회는 권징을 어떻게 실시하는가? (가능한 최소한의 인원만 관여하고, 의심될 때 일단 당사자에게 유리하게 추정하고, 교회의 지도자들이 절차를 이끌어 가다가 결국에는 온 교회가 관여한다.) 사실 지금까지는 맛보기만 보여주었을 뿐이다.

교회 권징은 힘든 일이지만 또한 사랑의 일이다. 교회 권징은 사람들이 자기 기만에 빠지지 않도록 보호하는 기능을 수행한다. 한 번은 우리 부부와 가까운 지인이 직장일과 관련해 죄악된 결정을 하고 있는 것을 발견하고 이를 만류해야 했던 적이 있었다. 하지만 그녀는 우리의 조언을 받아들이지 않았다. 우리는 두 명의 친구를 더 데리고 갔고, 그 후에 다시 두 명을 더 데리고 갔다. 하지만 그녀는 매번 우리의 사랑의 충고를 거절했다. 몇 주간 계속되었던 이 과정에서 나는 여러 차례 심한 복통으로 잠을 이룰 수 없었다. 이전에는 거의 겪어본 적 없던 일이었다. 그럼에도 우리는 하나님이 우리보다 훨씬 더 사랑이 많고 지혜로우신 분임을 믿었고, 또한 하나님의 말씀도 믿었기에 거기서 멈추지 않았다. 놀랍게도 그 지인은 결국 자신의 잘못된 결정을 포기하겠다고 말했다. 하나님을 찬양하라! 힘들지만 가치 있는 일이었다.

교회 권징은 사람들을 자기 기만으로부터 보호할 뿐 아니라, 남을 착취하는 사람들로부터 연약한 사람들을 보호하는 기능도 수행한다. 2018년부터 성폭력 피해자들이 목소리를 내기 시작했던 미투운동을 기억하는 독자들이 있을 것이다. 곧이어 처치투 운동도 뒤를 이었다. 갈수록 더 많은 이들이 교회 내의 악행들을 더 이상 덮어두지 말라고 촉구하기 시작했다. 학대가 악한 것이라면 그것을 묵인한 교회도 적어도 그만큼 악한 것이다. 왜냐하면 하나님은 교회가 세상 속의 온갖 불의를(학대와 폭행을 포함하여) 고치고, 치유하고, 회복시키는 장소가 되도록 위임하셨기 때문이다. 그러한 촉구가 교회에 유익이 되고 좋은 것이었음은 의심의 여지가 없다. 감사하게도 많은 교회들이 이 문제를 단호하고 신속하게 다루고 있으나 그렇지 않은 교회들도 있다. 그런 교회들은 해당 상황에 대한 지식이 부족하거나 제대로 준비가 되지 않음으로 인해 발빠르게 대처하지 못하는 것이다. 더

안 좋은 경우라면 아예 문제 자체를 직시하지 않으려는 교회들도 있다. 그러나 어떤 경우이든 교회를 저버리는 것은 올바른 해결책이 아니다. 오히려 교회로 하여금 성경을 펼쳐, 학대를 미연에 방지하거나(최선책) 혹은 학대 발생시 바르게 대응할 수 있게 하는 수단인 제자도와 권징의 문화를 꽉 붙잡게 하는 것이 필요하다. 교회 안에서 겸손과 사랑과 책임감 있는 모습으로 권징을 행하는 교회는 애초에 미투 운동이나 처치투 운동 같은 것이 필요가 없을 것이다.

이 모든 일 가운데 당신이 배울 점은 무엇인가? 교회 안에서 다른 교인들과 긴밀한 관계를 형성하라. 당신이 그들을 알고 그들이 당신을 알 수 있어야 한다. 겸손하고 정직한 대화의 분위기 안에서 신뢰가 쌓인다. 당신은 다른 사람의 교정을 잘 받아들이는 사람이 되어야 한다. 그렇지 않으면 머지않아 주변의 친구와 가족들은 당신이 아무리 위험한 길로 빠지더라도 당신을 바로잡으려는 소용없는 노력을 이내 중단할 것이다. 그렇다면 누가 당신을 보호해줄 수 있겠는가?

사람들을 초대하여 당신에 대해 알게 하라. 자청하여 당신 자신에 대한 비판적인 의견을 들으라. 부끄러움을 무릅쓰고 당신의 죄를 사람들에게 고백하라. 그리스도와 동행하는 삶을 서로 격려하라. 어색하더라도 함께 대화하는 가운데 정중하고 부드럽게 상대방의 죄를 지적하라. 보통 이런 일은 상황을 정확히 알아야만 하기 때문에 비난이 아닌 질문부터 해야 할 것이다.

이 모든 일은 목사들만의 직무가 아니라 교인들 한 사람 한 사람의 직무이다. 온 교인이 이와 같이 살아간다면 대부분의 교회 권징은 두세 사람이 관여하는 단계를 넘어서지 않을 것이다. 장로들의 귀에 까지 들어갈 일이 없을 테니 말이다. 각 지체가 사랑 안에서 그리스 도의 몸을 세워감으로써(엡 4:15-16) 몸(교회)은 그 기능을 제대로 발휘 하게 된다. 그러면 당신의 교회는 조금씩 조금씩 한 단계의 영광에서 그 다음 단계의 영광으로 나아가면서 하나님의 거룩한 사랑을 나타 내는 대사관이 될 것이다.

추천 도서

Leeman, Jonathan. *Understanding Church Discipline*. Nashville: B&H, 2016. 《교회의 권징》 부흥과개혁사 역간.

Leeman, Jonathan. *The Rule of Love: How the Local Church Should Reflect God's Love and Authority*. Wheaton, IL: Crossway, 2018.

교회는 그리스도인들의 모임이다

↓

그 모임은 그리스도의
하늘 왕국의 대사관이다

↓

그들은 기쁜 소식과 왕이신
그리스도의 명령을 선포하며

↓

지정하신 규례를 통해
서로를 그 나라의 시민으로 확언하며

↓

하나님의 거룩하심과
사랑을 드러낸다

↓

**하나로 연합된
다양한 사람들을 통해**

↓

온 세상 가운데

↓

장로들의 가르침과
모범을 따라

7장

나와 다른 교인들을
어떻게 사랑할 수 있는가?

콜린 핸슨

당신이 최대한 빨리 교회를 세우는 목표를 갖고 있다고 한 번 생각해보자. 그 목표의 핵심은 양적 성장이다. 즉 사람들을 모으는 것이다. 그렇다면 어떤 전략이 필요하겠는가?

아마 성경공부부터 시작하지 않겠는가? 요즘에는 책이나 팟캐스트 혹은 동영상을 통해 세계적으로 자신을 알릴 수 있다. 어쩌면 온라인이나 가상의 교회가 교인 숫자를 늘리는 데는 최고의 방법이라는 결론에 다다를지도 모르겠다. 가르치는 일을 잘하는 적극적인 성격 하나만 있으면 대형 교회로 성장하는 것은 시간문제일지도 모를 일이다.

하지만 그게 전부가 아니다. 음악에 대해 생각해보자. 소위 예배의 체험이라는 측면에서 보면 여전히 과거에 발이 묶여 있는 교회들이 부지기수다. 그래서 당신은 오직 최신 유행하는 음악들만 연주하기로 결정한다. 전문 음악가들을 스무 명 정도 고용해서 찬양팀을 꾸리고, 내친김에 디지털 음원까지 발매해보자고 바람을 불어넣는다. 그렇게 하면 인터넷상에서 당신의 교회에 대한 팬클럽도 생겨날 수 있고, 잘만 하면 교회는 혁신과 성장의 아이콘으로 명성을 얻게 될 수도 있다.

공동체를 만들어보는 것은 어떤가? 사람들은 음악이나 가르침을 원한다고 말하지만, 그들이 정말로 필요로 하는 것은 사실 친구다. 물론 모두가 일 때문에 바쁘게 왔다 갔다 하는 세상에서 그런 모임을 만들기란 쉬운 일이 아니다. 그런 상황에서도 사람들이 서로를 알아 가는 가장 효율적인 방법으로 대두되고 있는 것이 바로 소그룹 모임이다. 그런데 그런 모임을 어떻게 조직할 것인가? 지역별로 사람을 모을 수도 있다. 기존의 친구들과의 모임을 활용할 수도 있다. 하지만 가장 좋은 접근법은 연령대별로 혹은 관심사별로 모임을 구성하는 것이다. 새내기 부모들을 모아보자. 미혼 청년들의 모임을 만들수도 있다. 은퇴한 노부부들의 모임도 가능할 것이다. 오토바이 타기를 좋아하는 사람들의 모임을 시작해볼 수도 있다. 뜨개질 모임은 어떤가? 예를 들자면 한도 끝도 없다. 결국 사람들은 교회에서 제공하는 다양한 프로그램들에 이끌려 당신의 교회를 찾게 된다. 동네에서 제일가는 청소년부 사역을 시작하면 부모들은 당신의 교회로 옮기게 될 것이다. 토요일 저녁 예배를 열어서 골프를 좋아하는 남성들이 일요일 아침을 자유롭게 쓸 수 있도록 하는 등, 사람들이 자신의 라이프스타일을 바꾸지 않고서도 교회에 참여할 수 있는 길을 다양하게 마련할수록 당신의 교회는 더욱더 성장하게 될 것이다.

이상에서 오늘날 교회의 많은 지도자들이 생각하는 바를 엿볼 수 있었다. 우리는 양적 성장이라는 목표를 달성하기 위한 방법을 생각해보았다. 하지만 이 모든 전략들의 바탕에 깔려 있는 전제를 발견했는가? 사람들은 자신과 비슷한 사람들과 함께 있고 싶어 한다. 익숙하고 예측가능한 방식에서 편안함을 느끼기 때문이다. 사람들은 같은 유형의 가르치는 스타일을 선호하는 사람, 음악적 취향이 같은 사람, 결혼이나 자녀양육이나 이성교제 등에 대해 같은 질문을 하는 사람, 심지어 같은 피부색을 가진 사람들과 함께 있고 싶어 한다. 따라서 대형 교회를 이루는 가장 빠르고 효율적인 방법은 사람들을 동일한 관심사에 따라 분류해서, 가르치고 찬송하고 우정을 증진하는 방식을 맞춤식으로 제공하는 것이다. 이것은 새로운 방식이 아니며, 교회 역사에서 자주 행해져 왔던 방식이다.

그렇기 때문에 우리는 교회를 서로 다른 이들이 모여 교제하는 곳으로 재발견할 필요가 있다. 예수님은 지역 교회로 모인 회중 안에서 모든 사람, 심지어 우리의 원수까지 사랑하라고 가르쳐주셨다. 그 안에서는 민족과 인종, 국적을 불문한다. 수평선 위로 고개를 내미는 아침 해처럼, 다음과 같은 구약 예언의 성취는 우리의 교제 안에서 시작된다.

"무리가 그들의 칼을 쳐서 보습을 만들고

　그들의 창을 쳐서 낫을 만들 것이며

이 나라와 저 나라가 다시는 칼을 들고 서로 치지 아니하며

　다시는 전쟁을 연습하지 아니하리라"(사 2:4).

그러므로 일요일 오후에 함께 식사하는 자리이든, 수요일 밤에 인근 양로원을 방문하는 소그룹 모임이든, 금요일 아침의 남성 기도 모임이든 그곳을 둘러보며 자신에게 한 번 물어보라. 다양한 사람들이 하나 되어 사랑을 나누고 있는가?

죄인을 위한 교회

예수님의 열두 제자들은 겉으로는 그저 다 똑같은 유대인 남성들로 보인다. 그중의 몇 명은 예수님이 부르시기 전에 어부의 일을 했고, 몇몇은 직업이 나타나지 않는다. 하지만 예수님이 세관에 앉아 있던 마태를 부르셨다는 기록(마 9:9)은 남아 있다. 우리는 이 구체적인 사실에 대해 그다지 많이 생각해보지 않았을 수 있지만, 마태는 자신의 글을 읽을 유대인들에게 그것이 중요한 내용임을 알았다. 유대인들은 세리를 몹시 싫어했기 때문이다. 세리에 대한 그들의 증오는 요즘 사람들이 국세청에 대해 분개하는 것과는 비교할 수 없을 정도로 컸다. 유대인 세리들은 사람들이 혐오하는 침략자들을 위해 일했다. 즉 자기들을 지배하고 있는 로마의 악랄한 군인들을 위해 돈을

걷어 그들의 배를 채워주었던 것이다. 예수님이 그런 마태를 부르셨기 때문에 바리새인들은 분노하며 제자들에게 "어찌하여 너희 선생은 세리와 죄인들과 함께 잡수시느냐?"라고 물었다. 그들의 질문을 들은 예수님은 이렇게 답하셨다. "건강한 자에게는 의사가 쓸 데 없고 병든 자에게라야 쓸 데 있느니라 너희는 가서 내가 긍휼을 원하고 제사를 원하지 아니하노라 하신 뜻이 무엇인지 배우라 나는 의인을 부르러 온 것이 아니요 죄인을 부르러 왔노라 하시니라"(마 9:11-13).

오늘날 교회 안팎에 이 바리새인들 같이 당혹스러워하는 사람들이 많다. 교회는 올바른 정치적 견해를 가진 사람들을 위한 곳 아닌가? 교회는 함께 행동하는 사람들을 위한 곳 아닌가? 교회는 나와 똑같이 생기고, 생각하고, 말하는 사람들을 위한 곳 아닌가?

교회에 익숙하지 않은 방문자의 눈에는 교회 안의 모든 사람들이 행복하고, 성공적이고, 함께하는 것처럼 보일 수 있다. 물론 교회가 그러한 인상을 풍기고 싶어할 때가 있는 것도 사실이다.

하지만 그것은 예수님이 의도하신 것이 아니다. 아픈 사람만 의사를 찾는다. 즉 죄인들만 교회에 간다. 바리새인들은 예수님 없이도 자기들은 의롭다고 생각했다. 예수님이 필요하지 않았던 것이다. 그러나 마태 같은 죄인들은 자신이 예수님을 필요로 한다는 것을 알았다. 그들은 자신들의 과거를 부끄러워했고, 이전에 작위, 부작위로 지은 죄들에 대해 죄책감을 갖고 있었다. 그런 그들에게 예수님의 사랑은 과거에 누렸던 그 어떤 것과도 비교할 수 없었다. 전에는 버림받았던 자들이 이제는 하나님의 아들께 가까이 이끌려 왔다. 그분 없이는 살 수 없게 된 것이다.

이 세리와 죄인들은 예수님이 아니었다면 서로 교제를 나눌 수 없었을 것이다. 그들은 바리새인들로부터 내침을 당했다는 것 말고는 공통점이 거의 없었다. 하지만 예수님이 본래 친구와 동료가 될 수 없었던 자들을 함께 불러모아주셨다. 또한 열두 제자들 중에는 셀롯인 시몬(행 1:13)도 있었다. 셀롯 당파의 사람들은 폭력을 사용해 로마의 지배를 전복시키려 했다. 그들은 외세를 물리치기 위해 바리새인들이 더 열심을 내지 않는 것에 분개했다. 하지만 그들이 더욱 증오했던 것은 바로 로마 제국에 협력하는 자들, 즉 세리 마태와 같은 사람이었다.

시몬과 마태 사이에 얼마나 어색한 대화가 오갔을지 상상이 될 것이다. 하지만 예수님은 그 둘을 다 부르셨고 그 둘을 다 사랑하셨다. 그분의 생애 동안 몇 년을 바쳐 그들 모두에게 가르쳐주시고자 했던 하나님 나라의 속성은 바로 그 나라는 이 땅의 모든 분열을 초월한다는 점이었다.

부정적인 공동체

교회를 서로 다른 이들이 모여 교제하는 곳으로 재발견해야 할 필요가 있는 이유는 우리는 너무도 쉽게 세상의 공동체관에 빠지기 때문이다. 세상에는 두 가지 견해가 있다. 하나는 인종, 국적, 젠더, 성적 지향 등의 다양성을 가장 우선시하면서 다양성을 찬양하는 견해다. 이러한 시각에 익숙해지면 우리의 공동체 안에 다양한 정체성들이 공존할 때 편안함을 느낀다. 한 공간 안에 피부색이 같은 사람들만 가득할 때는 무언가 잘못됐다고 느낀다. 심지어 그것을 부도덕한 일로 느낀다.

두 번째 시각은 통일성을 찬양하는 시각이다. 세상에는 여전히 다른 인종끼리는 서로 섞일 수 없거나, 적어도 그런 생각을 하기 힘든 곳이 많다. 당신은 오직 하나의 경제적인 계급이나 하나의 인종만 존재하는 외딴 지역에 살 수도 있다. 어떤 나라에서는 카스트 제도 아래 사람이 태어나기 전부터 계급이 나뉘며, 그렇게 정해진 신분은 결코 바뀔 수 없다. 또는 종교를 포함한 모든 일에 있어서 오직 국가에 복종할 것을 요구하는 정치 제도를 갖고 있는 나라도 있다. 통일성을 최고의 가치로 여기는 것이다. 한 공간 안에 있는 사람들의 정치적 견해나 세계관이 서로 다르면 그들은 무언가 잘못됐다고 느낀다. 심지어 그것을 부도덕한 일이라고 느낀다.

언뜻 보면 다양성과 통일성을 강조하는 이 두 가지 시각은 서로 반대인 것처럼 보인다. 그러나 사실은 그 밑바탕에 비슷한 철학이 자리 잡고 있다. 다만 두 시각의 외양상의 차이로 인해 잘 드러나지 않을 뿐이다. 이 두 가지 시각 모두 배척을 통해 공동체를 형성한다는 공통점을 갖고 있다. 그 점은 통일성을 찬양하는 시각에서 보다 분명하게 나타난다. 그들은 정치적 성향이 다른 사람들과는 온전한 교회를 이룰 수 없다. 다른 카스트 계급의 사람과 어울리면 공동체에서 쫓겨난다. 그런데 다양성을 강조하는 편에서도 사실 똑같은 일이 일어난다. 오직 특정한 종류의 다양성만 용납하는 것이다. 예컨대, 인종은 달라도 되지만 성도덕에 관한 다른 의견은 용납되지 않는다. 다른 나라 출신인 것은 자랑스럽게 생각해도 되지만 다른 정당을 지지하는 것은 용납되지 않는다. 당신이 자신의 젠더로 무엇을 내세우든 환영받지만, 젠더 간의 생물학적인 차이를 주장하는 것은 배척된다.

겉으로는 어떻게 가장한다 하더라도 두 관점 모두 누군가를 배척함으로써 자신들의 공동체를 형성해 나갈 뿐이다. 마치 배타적인 단체를 만들어서 자기들만의 공동체를 형성하는 남녀 대학생 사교 클럽들(주로 북미의 대학 내에 존재하는 학생들의 자치 모임으로 한국의 대학 동아리와는 성격이 다르다.—역자주)과 같다. 특별한 입회 허가가 없으면 가입할 수 없는 것이다. 소득 수준으로 사람을 가려 받는 폐쇄적인 공동체나 은밀한 사교 클럽도 마찬가지다. 내부 시위는 용납하지 않는 시위 행진도 마찬가지다. 자유로운 질문이나 이념적 반대 견해를 묵살하는 학문적 프로그램도 마찬가지다. 다른 사람을 배제함으로써 내가 있을 자리를 확보하는 것이다.

세상의 이목을 끌려면

교회도 이러한 태도를 취할 때가 있다. 통일성이나 다양성 중에 하나를 더 우선시하는 것이다. 불편한 사람과 가까이하지 않으려다 보니 나와 정치적 견해가 다른 사람들과 어떻게 교회를 이루어 갈 수 있는지 잘 모른다. 여러 인종과 함께 살아가지 않다 보니 여러 인종의 사람들과 교회를 세워 가는 방법을 잘 모른다. 내 주변에서 흔히 보이지 않는 다양한 경제적 계층의 사람들을 어떻게 받아들여야 하는지 잘 모른다. 겉으로 드러나는 차이점을 보는 데만 익숙하다 보니 어떻게 하는 것이 그리스도 안에서 하나 됨을 가장 우선시하는 일인지 잘 모른다.

교회가 이와 같은 세상의 방식을 따라간다면 교회는 세상에서 눈에 띄지 않을 것이다. 왜 그런가? 그런 공동체를 위해서는 굳이 교회를 필요로 하지 않을 것이기 때문이다. 이념에 대한 열정이 있다면 시위 행렬에 가담하거나 정당에 가입하면 된다. 함께 시간을 보낼 친구가 필요하다면 스포츠 팀이나 게임 동호회에 들어가면 된다. 날씨 얘기나 어디 몸 아프고 쑤시는 데에 관해 담소를 나누고 싶다면 동네 커피숍에 가서 노인들과 수다를 떨면 된다. 그러나 세상의 이목을 끄는 교회는, 평소 같았으면 함께 어울리지 않을 사람들, 예컨대 세리와 셀롯인, 혹은 죄인과 바리새인이 함께 모이는 교회이다. 초대교회는 바로 그것 때문에 매우 특이한 집단으로 인식되었고, 그래서 어떤 이들은 그 교회에 모인 사람들을 천하를 어지럽게 하는 사람들(행 17:6)이라고 불렀다.

고대 사회에서 종교는 정치적 견해, 인종, 민족 등의 다른 정체성과 긴밀히 연결되어 있었다. 그래서 사람들은 자기들과 다른 지방 신local gods을 섬기고 다른 지도자를 둔 백성과 전쟁했다. 로마는 전 세계에 퍼져 있는 이처럼 작은 공동체들을 정복해 나갔는데, 그런 그들에게 유대인들은 유독 하나님 한 분만을 고집하는 점이 이상하게 보였다. 하지만 로마의 정치적 권위에 대항해 반란을 일으키지 않는 한 유대인들이 성전에서 하나님을 예배하는 일을 막지는 않았다.

그런데 그리스도인들은 좀 달랐다. 그들은 동일한 하나님을 섬기기도 했지만, 또한 스스로 하나님이라고 주장하는 한 인간 예수도 섬겼다. 또 한 가지 신기한 점은 그리스도인들은 그 예수가 어떤 지역의 선생이나 정치적 혁명가가 아니라 온 우주의 주님이라고 주장했다는 것이다. 예수님 역시 지역의 관리들에게 복종하시면서도, 동시에 자신이 그들에게 권위를 주지 않았다면 그들에게는 어떠한 권위도 없었을 것이라는 주장을 하셨다. 참으로 전대미문의 사상이 아닐 수 없었다. 그 이후 기독교는 유례없이 로마 제국 전역으로 퍼져 나가 사람들의 이목을 끌기 시작했는데, 그 이유는 평소 같았으면 어울리지 않았을 사람들, 곧 종과 자유인들, 가난뱅이와 부자들, 그리고 유대인과 이방인들을 함께 불러모았기 때문이었다. 이처럼 기독교 안에서 다양한 사람들이 하나 되는 모습은 로마의 정치 권력자들에게는 전례 없는 위협이 되었다. 자신들의 권위를 무력화시키는 더 높은 왕국의 가치를 목도했기 때문이다.

오직 그리스도를 통해서 연합된 서로 다른 자들이 모여 교제하는 이러한 공동체가 바로 우리가 재발견해야 하는 교회의 모습이다. 그런 공동체가 되어야 세상의 주목을 끌고, 세상 속 현실에 대한 위협이 될 수 있다. 이러한 공동체는 사도 바울이 에베소 교인들에게 강조했던 것처럼 예수 그리스도에 대한 동일한 사랑과 믿음 위에 세워진다.

"너희가 부르심을 받은 일에 합당하게 행하여 모든 겸손과 온유로 하고 오래 참음으로 사랑 가운데서 서로 용납하고 평안의 매는 줄로 성령이 하나 되게 하신 것을 힘써 지키라 몸이 하나요 성령도 한 분이시니 이와 같이 너희가 부르심의 한 소망 안에서 부르심을 받았느니라 주도 한 분이시요 믿음도 하나요 세례도 하나요 하나님도 한 분이시니 곧 만유의 아버지시라 만유 위에 계시고 만유를 통일하시고 만유 가운데 계시도다"(엡 4:1-6).

　　팬데믹이나 선거, 혹은 바이럴 동영상viral video(공유되어 급속도로 퍼져 나가는 동영상—편집주)은 이러한 하나 됨을 위협할 수 없다. 논쟁거리 앞에서 이러한 교회 공동체는 사랑과 공감과 신뢰 가운데 더욱 끈끈하게 뭉친다. 교인들은 "평안의 매는 줄로 성령이 하나 되게 하신 것을 힘써 지킨다."

분열에 맞서기

　　나아가 이러한 교회 공동체는 세상적인 분열에 저항할 수 있다. 교인들이 서로 간의 차이를 존중하기 때문이다. 사도 바울은 고린도 교회가 서로 다름 가운데서 하나 되는 데 어려움을 겪자 그들을 바로잡기 위해 애를 썼다. "사랑은 모든 것을 참으며 모든 것을 믿으며 모든 것을 바라며 모든 것을 견디느니라"(고전 13:7)라는 바울의 유명한 가르침도 실상 교회 안에 있었던 분열의 맥락 안에서 주어진 가르침이었다.

또한 그들의 분열 때문에 바울은 그리스도의 몸에 대해서도 분명하게 가르쳤다. 바울은 이 유비를 사용하여 교회는 그 모든 멤버가 함께 일해야 한다는 것을 설명했다. 몸 안에서 발이 손을 무시하지 않는다. 귀는 눈을 시기할 필요가 없다. 보는 것이 중요한 만큼 듣는 것도 중요하기 때문이다. 별로 중요하게 생각하지 않았던 신체 부위 때문에 큰 고통과 불편을 겪은 경험을 누구나 한 번쯤은 해보았을 것이다. 그렇기 때문에 바울은 몸의 부족한 지체들의 가치를 인식해야 한다고 말한 것이다. "오직 하나님이 몸을 고르게 하여 부족한 지체에게 귀중함을 더하사 몸 가운데서 분쟁이 없고 오직 여러 지체가 서로 같이 돌보게 하셨느니라 만일 한 지체가 고통을 받으면 모든 지체가 함께 고통을 받고 한 지체가 영광을 얻으면 모든 지체가 함께 즐거워하느니라"(고전 12:24-26).

더욱 지속가능한 교회

그리스도의 몸은 서로 다른 이들이 모여 하나 됨의 교제를 누리는 곳이다. 우리는 모두 다르고, 또한 서로를 필요로 한다. 하나님은 각자에게 다른 재능을 주심으로써 그것이 우리의 유익이 되도록 하셨다. 우리는 예수 그리스도에 대한 한 믿음을 고백하지만, 각자의 경험은 다양하다. 이것이 교회를 향한 하나님의 비전이다. 이런 교회를 지향하면 가장 큰 교회를 가장 빨리 세울 수는 없겠지만, 이것은 건강한 교회를 세우는 가장 지속가능한 길이다.

만약 신속하게 대형 교회를 세우고자 한다면, 하나님이 그리스도의 몸의 각 지체에게 주신 다양한 은사들보다는 목사의 인성과 가르침에 중점을 두게 될 것이다. 또한 당신이 선호하는 나이대나 계층(예를 들어, 소득과 시간 여유가 있고 공동체 활동을 필요로 하는 20대 전문직 종사자들)에게 호소하는 음악을 선택하게 될 것이다.

물론 그렇게 하는 교회들이 잘못되었다거나 죄를 짓는다는 말은 아니다. 사실 인류 역사에서 상당히 많은 교회들이 대체로 동일한 관심사를 가진 동종 부류의 사람들로 형성되었다. 어떤 경우에는 세계 곳곳에서 소수 민족들이 자기들만의 교회를 세우기도 했는데, 이는 그들이 인종차별이나 언어 장벽 때문에 기존 교회 안에 머물러 있을 수 없었기 때문이다. 하나님은 하나의 지역사회 안에서 예수님에 관한 기쁜 소식을 전하기 위해 참으로 다양한 형태의 교회를 사용하시는 것 같다.

그런데 예수님의 제자들과 바울의 지도를 받았던 초대교회의 예를 통해 오늘날 우리가 재발견해야 할 것이 있다. 이미 많은 교회들 가운데 정치 문제나 팬데믹으로 인한 스트레스가 한계점을 넘어섰다. 얼핏 보기에는 모든 사람이 당신과 똑같은 방식으로 생각하고, 투표하고, 또 죄를 짓는 교회를 찾는 것이 더 쉬워 보일 수 있다. 하지만 당신의 영적 성장을 위해서는 서로 다른 이들이 모여 교제하는 곳을 떠나지 말고 고수하는 편이 훨씬 더 유익하다.

당신과는 다른 능력을 지닌 사람들을 귀하게 여기고, 사랑 안에서

모든 것을 바라고, 평안의 매는 줄로 성령님이 하나 되게 하신 것을
지키고, 당신 옆자리에 앉아 있는 셀롯인이나 세리를 존중하라.

세상의 이목을 끄는 교회를 발견하고 싶은가? 그렇다면 장차 완성
될 하나님의 나라를 닮은 교회를 찾으라.

추천 도서

Dever, Mark, and Dunlop, Jamie. *The Compelling Community: Where
God's Power Makes a Church Attractive*. Wheaton, IL: Crossway,
2015.《매력적인 공동체》개혁된실천사 역간.

Ince, Irwyn L., Jr. *The Beautiful Community: Unity, Diversity, and the
Church at Its Best*. Downers Grove, IL: InterVarsity Press, 2020.

교회는 그리스도인들의 모임이다

↓

그 모임은 그리스도의
하늘 왕국의 대사관이다

↓

그들은 기쁜 소식과 왕이신
그리스도의 명령을 선포하며

↓

지정하신 규례를 통해
서로를 그 나라의 시민으로 확언하며

↓

하나님의 거룩하심과
사랑을 드러낸다

↓

하나로 연합된
다양한 사람들을 통해

↓

온 세상 가운데

↓

장로들의 가르침과
모범을 따라

8장

어떻게 외부자를 사랑할 것인가?

콜린 핸슨

교회는 무엇을 위한 곳인가? 교회의 청소년 프로그램이나 각종 예배, 성경 공부 모임, 소그룹 모임 등에서는 통상 무슨 일이 일어나는가? 당신은 교회의 일원으로서 통상 무슨 생각을 하고 무슨 일을 하는가?

너무 뻔한 질문이라고 생각할는지 모르겠다. 하지만 역사상 교회 안에는 위의 질문들에 대해 최소 네 가지 정도의 서로 다른 답변이 존재했다. 우리는 그 네 가지 답변과 우리가 하나님의 말씀 안에서 발견한 것들을 비교하면서, 교회가 교회의 담장 밖에 있는 사람들을 위해 어떤 일을 해야 하고, 내부에 있는 사람들을 위해서는 어떤 일을 해야 하는지 생각해보고자 한다. 어떤 대답들은 서로 겹치는 부분이 있을 수 있다. 양자가 반드시 상호 배타적인 것은 아니다. 그렇지만 교회들은 통상적으로 내부자들과의 관계와 외부자들과의 관계 중 어느 한 가지 측면만을 강조한다.

첫째, 교회는 전도를 위한 곳이라고 믿는 사람들이 있다. 그들에게 있어 교회의 목적은 일요일 오전에 사람들을 교회 건물 안으로 인도해서 그들이 예수님에 대한 기쁜 소식을 듣고 회심하게 하는 것이다. 따라서 설교와 가르침은 우리의 죄, 예수님의 희생제사, 믿음의 필요성 등 기초적인 내용에 초점이 맞춰져 있다. 그리고 예배는 인간 관계, 자녀양육, 재정 관리, 대중 문화 등 외부자들이 흥미를 가질 만한 일반적인 주제들을 돌아가면서 다루는 경향이 있다. 가르치는 사람은 이러한 현실적인 문제들을 예수님에 대한 필요성과 연결시키는 것을 목표로 삼는다.

둘째, 교회는 선행을 베푸는 곳이라고 믿는 사람들이 있다. 그들에게 있어 교회의 목적은 내부자들을 동원해서 외부자들에게 실제적인 도움을 주는 것이다. 이런 교회들은 무료 급식소나 헌 옷 가게 등을 운영한다. 또한 전과자들을 위한 구직 프로그램이나 이민자나 난민을 위한 영어 교실 등을 열기도 한다. 이런 교회의 설교나 가르침은 이웃을 내 몸 같이 사랑하라는 예수님의 명령과 예수님의 선행에 강조점을 둔다. 교회의 지도자들은 교인들에게 교회 밖의 불행한 사람들에게 유익을 끼치는 방향으로 직업 활동이나 투표를 하라고 권면한다. 예배 시간에는 어떤 활동에 자원 봉사자가 필요하다는 광고를 넣는다. 그리고 내부자들이 외부자들을 어떻게 도와주었는지에 관한 보고를 굉장히 강조한다.

셋째, 교회는 치유를 위한 곳이라고 믿는 사람들이 있다. 교회의 목적은 그 안으로 들어오면 더 나은 인생을 살게 된다는 것을 외부자들에게 보여주는 것이다. 설교와 가르침은 예수님이 행하신 기적들, 성령님의 능력, 그리고 그분이 어떻게 오늘날 우리에게 동일한 수단을 허락하사 사람들의 육체적, 정신적, 경제적, 심리적 고통을 치유할 수 있게 하시는지에 강조점을 둔다. 설교는 하나님의 도우심을 통해 어떠한 역경도 이겨낼 수 있다는 것을 강조한다. 그리고 예배에는 분위기를 끌어올리는 음악과 성령의 감동에 몸으로 응답하는 요소들이 사용된다. 어떨 때는 예배의 대부분을 오직 즉각적인 치유를 위해 기도하는 일에 할애하기도 한다.

넷째, 교회는 은혜를 분배해주기 위한 곳이라고 믿는 사람들이 있다. 교회는 교회를 떠나서는 얻을 수 없는 죄 사함을 내부자들에게 주는 것을 목표로 삼는다. 따라서 설교와 가르침의 핵심은 교회가 인간과 하나님 사이의 중개자 역할을 수행하는 데 있으며, 예배는 목사가 주는 떡과 포도주를 통해 내부자들이 그리스도의 살과 피를 받게 될 때 정점에 이른다. 어떤 교회에서는 외부자인 사람이 다른 교회에서는 내부자가 되겠지만, 이 유형의 교회들의 예배 의식에는 비슷한 점이 많을 것이다.

아마 현재 당신이 다니고 있는 교회도 위에서 언급한 네 가지 유형 중 하나에 해당될 것이다. 어쩌면 당신은 이미 이 중에 두세 개 유형의 교회에 대해 알고 있을 수도 있다. 아니면 당신은 완전 초신자여서 이 네 가지 유형의 교회들이 전부 다 낯설 수도 있다! 외부자의 입장에서 어떤 교회를 방문했는데 마치 당신만을 위해 모든 것을 계획해 둔 것 같은 느낌을 받을 수도 있고, 또 다른 교회에서는 아무도 당신을 신경조차 쓰지 않을 수도 있다. 따라서 이제 본 장에서는 교회의 목적과 교회 안팎의 사람들이 어떤 관계를 가져야 하는지에 대해 성경 말씀을 들여다봄으로써 당신이 교회를 재발견하는 일을 돕고자 한다.

지상명령

우선 부활하신 예수님이 하늘로 올라가시기 전에 제자들에게 하신 말씀에서부터 시작해보자.

> "하늘과 땅의 모든 권세를 내게 주셨으니 그러므로 너희는 가서 모든 민족을 제자로 삼아 아버지와 아들과 성령의 이름으로 세례(또는 침례)를 베풀고 내가 너희에게 분부한 모든 것을 가르쳐 지키게 하라 볼지어다 내가 세상 끝날까지 너희와 항상 함께 있으리라 하시니라"(마 28:18-20).

예수님은 먼저 자신에 대해 설명하심으로써 이 고별 메시지를 시작하셨다. 모든 권세가 예수님께 주어졌다. 따라서 그분의 명령은 구속력이 있다. 제자들은 자신이 하고 싶은 일을 할 권세가 없었다. 예수님은 친히 자신의 교회를 세우겠다고 약속하셨다. 오직 예수님에게만 권세가 있다. 그리고 예수님은 제자들에게 어떤 일이 일어나도 그들과 함께 하겠다고 약속하셨다. 이 약속은 그들의 생애 동안만 유효한 것이 아니다. 이 약속과 명령은 세상 끝날까지 예수님의 제자가 될 모든 사람에게 동일하게 적용된다.

예수님이 승천하시기 전에 이 말씀을 주셨다는 것을 생각해보라. 앞으로 그분이 떠나신 후에 무슨 일이 벌어질지 전혀 알 수 없었던 제자들에게 이 약속은 분명 큰 위로가 되었을 것이다.

예수님은 이 고별 메시지를 궁극적인 내부자들, 즉 수년간 동행하며 함께 대화했던 사람들에게 말씀하셨다. 하지만 여기서 주목할 만한 것은, 예수님이 내부자인 제자들에 대해서는 아무 말씀도 하지 않으셨다는 점이다. 예수님은 오직 외부자들을 위해 제자들이 해야 할 일을 명하셨을 뿐이다. 예수님이 그들을 제자로 삼으셨던 것처럼, 그들도 가서 다른 이들을 제자로 삼으라고 명하셨다. 다만 그 지역적 범위는 엄청나게 달라진다. 그들의 지평은 갈릴리 산간벽지와 예루살렘에 그치지 않고 훨씬 더 멀리 확장될 것이다. 예수님은 그들을 "모든 민족"에게로 보내셨다.

제자들은 이 명령에 순종하여, 가는 곳마다 제자를 삼았다. 그들은 인도, 아프리카, 유럽에 이르기까지, 모든 곳에서 제자를 삼았다. 이는 참으로 놀라운 역사가 아닐 수 없다.

그렇다면 이 내부자들은 외부자들을 예수님의 제자로 만들기 위해 어떤 일을 해야 했는가? 먼저 세례(또는 침례)를 주었다. 오늘날, 태어난 후 세례를 주는 것과 예수 그리스도에 대한 신앙고백을 한 후 세례를 주는 것에 대해 서로 다른 견해를 갖고 있는 교회들이 있다. 이는 이

작은 책에서 다루기에는 너무나 큰 쟁점이다. 그럼에도 모든 사람이 동의하는 바는 제자들이 예수님의 명령대로 새로운 신자들에게 아버지와 아들과 성령의 이름으로 세례(또는 침례)를 주었다는 사실이다. 즉 제자들은 외부자들에게 삼위일체의 진리를 가르쳤다. 곧 한 분 하나님이 삼위로 계신다는 것을 가르쳤다. 유대인들은 한 하나님만을 믿었고, 로마인들은 많은 신들을 믿었던 것에 비추어보면, 이러한 교리를 가르치는 일에는 인내심과 세심함, 그리고 오랜 시간이 필요했을 것이다. 제자들이 이곳저곳을 다니며 만났던 외부자들은 이것을 자명한 사실로 받아들일 수 없었을 것이기 때문이다.

예수님이 맡기신 마지막 임무는 "내가 너희에게 분부한 모든 것을 가르쳐 지키게 하라"이다. 이 짧은 명령 안에 당신이 생각할 수 있는 모든 것이 담겨 있다. 우리에게는 가르쳐 지키게 해야 할 예수님의 가르침이 가득한 4복음서가 있다. 제자들 역시 예수님과 몇 년을 함께 보내면서 많은 가르침을 받았다. 단지 십자가와 빈 무덤에 대해서만 가르친 후 믿기로 결정하라고 밀어 붙인다고 해서 이 명령을 완수하는 것은 아니다. 물론 외부자들이 회심하면 안으로 들어오게 된다. 하지만 새롭게 안으로 들어온 사람들은 그때부터 예수님의 가르침을 "지키는" 삶을 배워야만 한다. 또한 예수님이 제자들에게 모범을 보이셨던 것처럼, 제자들도 예수님의 명령대로 살면서 새로 제자가 된 이들을 가르쳐 지키게 해야 한다. 이처럼 우리가 지상명령이라고 알고 있는 예수님의 명령에 순종하기 위해서는 많은 시간과 인내가 필요하다. 이것은 단순히 영상 통화 같은 것으로 성취할 수 있는 성격의 일이 아니다. 하물며 일방통행식의 팟캐스트 같은 것이야 오죽하겠는가. 이러한 종류의 가르침은 교회 안에서 서로 대면하고, 관계를 맺으며, 서로 대화하는 가운데 가장 잘 이루어질 수 있다.

오늘날의 교회

그렇다면 교회의 존재 목적과 관련하여 지상명령은 우리를 어떤 결론으로 인도하는가? 내부자들과 외부자들이 서로 어떻게 관계를 맺는가? 예수님은 최초의 교회 지도자들, 즉 궁극적인 내부자들에게 외부자들이 회심을 통해 내부자가 되게 하는 일에 착수하게 하셨다. 그 일은 먼저 그들의 가정에서 자녀들이나 친척들을 대상으로 시작했을 수 있다. 하지만 결국에는 일면식도 없는 세상 사람들에게까지 나아갔을 것이다. 교회는 이러한 전도의 사명을 결코 간과해서는 안 된다. 그 외에 다른 어떤 일을 할지라도 교회는 예수 그리스도의 제자가 되는 일을 가르치고, 그 본이 되어야 한다.

우리는 교회가 깊이 있고 지속적인 관계를 형성해야 한다는 것을 볼 수 있다. 잘 알지도 못하고 거의 만날 일도 없는 사람에게 예수님이 명하신 모든 것을 가르친다는 것은 불가능한 일이다. 거기다 몇 세기 전과 비교해보면, 오늘날에는 예수님이 명하신 모든 것을 가르치는 일에 훨씬 더 많은 시간이 필요하다는 어려움이 있다. 왜냐하면 적어도 지금의 서구 사회는 예수님의 제자들이 직면했던 것과 유사한 종교적 혼란의 시대로 회귀해 있기 때문이다. 기존의 기독교 세계의 역사를 보면, 유럽 교회이든 아니면 미국의 쉬운믿음주의easy-believism 노선이든, 실제로는 예수님을 믿지 않는 외부자들조차 교회 안에 있는 사람들처럼 말하고 행동하는 법을 알고 있었다. 즉, 외부자들도 교회에서 쓰는 용어들을 알고 있었고, 기독교의 절기를 지켰다. 우리는 이런 기독교를 명목주의nominalism라고 부른다. 하지만 지금은 서양 사회의 몇몇 귀퉁이를 제외하고는 이러한 명목주의는 전부 자취를 감추어 가고 있는 실정이다.

나는 젊은 세대를 대상으로 사역하는 목사들과 자주 이야기를 나누는데, 적어도 지난 5년간 그들에게서 같은 이야기를 듣고 있다. 요즘에는 같은 정도의 제자 훈련을 하는 데 10년 전에 비해 두 배의 시간이 걸린다는 것이다. 심판이나 사랑 같은 일반적 말들 외에도 예수님이 하신 말씀에 대해 어느 정도라도 알고 있는 외부자들이 갈수록 더 적어지고 있다. 내부자들 중에도 예수님을 따른다는 의미가 무엇인지, 그분이 누구신지, 그분이 무슨 일을 하셨는지, 그분이 무엇을 명하셨는지 제대로 이해하는 사람이 거의 없다. 그러나 재발견된 교회는 신학적인 깊이 없이 그저 인간 중심의 자조적self-help 종교를 반복할 여력이 없다. 세상이 예수님을 따르는 사람들을 미워할 것이라고 말씀하신(마 5:11; 10:22; 막 13:13; 눅 21:17; 요 5:18) 예수님의 말씀에 비추어 볼 때, 그러한 얄팍한 믿음은 새로운 신자들이 예수님께 순종하는 데 도움이 되지 않을 것이다.

비슷한 경고의 말씀을 치유 사역을 강조하는 교회나 은혜를 배분하는 일을 강조하는 교회에도 적용할 수 있다. 신실한 교회라면 당연히 기도를 한다. 그리고 성령님은 교회 안팎의 그 누구든 치유할 능력이 있으시다. 그러나 성령님의 역할은 예수님이 가르치신 것과 행하신 일을 우리가 기억하도록 도우시는 일이다(요 14:26). 천국의 이편(이 땅을 의미함—편집주)을 살아가는 이들에게 육신의 치유와 경제적 원조도 물론 좋기는 하지만, 그것이 결코 궁극의 목적은 아니다. 땅에서 신용카드 대금을 탕감받더라도, 하나님이 예수님의 피를 통해 당신의 죗값을 치러주지 않으셨다면, 그 죗값은 여전히 남아 하나님의 영원한 심판을 초래하게 될 것이다. 교회에 가면 지금 이 땅에서 실질적인 이익이 되는 경제적, 육신적 도움을 얻을 수 있다는 인상을 풍기지 않기 위해 우리는 각별히 조심해야 한다. 잘못하면 예수님이 한낱 세상적, 현세적인 목적을 위한 수단으로 전락해 버리기 때문이다.

은혜를 배분하는 문제와 관련하여, 우리는 교회 안에서 아주 제한된 방식만 인정한다. 이 책은 왜 그리스도의 몸이 필수적인지에 관해 다루고 있다. 하나님은 교회의 지도자들에게 그분을 대신하여 세례와 성찬의 성례전을 집행할 수 있는 권위를 부여하셨다. 그들은 오직 내부자들에게만 허락된 이 은혜의 방편이 남용되지 않게 지키는 일을 한다. 아무나 그저 자기 집 뒷마당에서 물 한 바가지 뒤집어쓰고, 빵과 콜라 한 잔을 먹고 마시면서 그것을 교회라고 부를 수는 없는 일이다.

그와 동시에 유한한 인간은 그 누구도 다른 사람의 영적인 마침표가 어디에 찍힐지, 즉 천국의 안쪽일지 바깥쪽일지 결정하지 못한다. 사도 바울은 자신의 뒤를 이어 에베소 교회의 목사가 된 디모데에게

"하나님은 한 분이시요 또 하나님과 사람 사이에 중보자도 한 분이시니 곧 사람이신 그리스도 예수라 그가 모든 사람을 위하여 자기를 대속물로 주셨으니 기약이 이르러 주신 증거니라"(딤전 2:5-6)라고 말했다. 은혜는 믿음으로 구하는 모든 이에게 하나님이 주시는 것이지, 교회에 쌓아 두었다가 지도자들의 지령에 따라 배분하는 것이 아니다. 당신은 거듭나기 위해 교회를 필요로 하는 것이 아니며, 어린 믿음의 연약한 무릎을 굳건히 하기 위해 교회의 도움을 필요로 한다.

예수님의 다른 명령들은?

이번 장에서 지금까지 교회는 외부자들이 회심을 통해 내부자가 되게 돕기 위해 존재한다는 것을 확고히 하였다. 그렇게 외부자들이 교회의 일원이 되면 내부자들은 인내하며 부지런히 그들을 가르쳐 예수님이 명하신 모든 일에 순종하게 해야 한다. 그런데 교회를 재발견하는 과정에서 모든 사람이 그 두 가지 모두를 다 탁월하게 잘하지는 않는다는 것을 알게 될 것이다. 어떨 때는 복음gospel, 즉 십자가와 부활에 대해서는 많이 듣게 되지만, 예수님의 첫 제자들의 증언을 바탕으로 기록된 네 권의 복음서Gospels에 대해서는 그만큼 많이 듣지 못할 때도 있다. 복음서의 내용은 열 장 넘는 예수님의 가르침 뒤에 십자가와 부활에서 그 정점에 이르게 된다. 복음gospel과 복음서Gospels의 관계를 이해하는 것이 교회의 두 가지 헌신을 재발견하는 열쇠가 된다. 교회의 두 가지 헌신이란 복음전도에 대한 헌신과 선행에 대한 헌신(주님을 경외하며 자녀를 양육하는 것, 매일 그리스도께 나아가듯 일터로 향하는 것, 믿지 않는 이웃에게 선을 행하는 것, 타인을 이해하는 마음과 정의로운 마음으로 살고자 하는 것, 기회가 될 때마다 공적 영역에 의견을 개진하고 참여하는 것 등)을 말한다.

복음서의 구조를 통해 우리는 예수님이 자신을 속죄의 제물로 드려야 하는 사명을 이해하고 계셨음을 알 수 있다. 그분은 제자들에게 "인자가 온 것은 섬김을 받으려 함이 아니라 도리어 섬기려 하고 자기 목숨을 많은 사람의 대속물로 주려 함이니라"(막 10:34; 또한 마 20:28을 보라.)라고 말씀하셨다. 마태복음에서는 베드로가 예수님을 그리스도, 즉 오래전에 이스라엘에게 약속된 메시아로 고백한 것(마 16:16)을 기점으로 해서 새로운 국면이 펼쳐진다. 이때부터 비로소 예수님은 자신이 예루살렘에 올라가 유대인 지도자들에게 많은 고난을 받고, 십자가에서 죽임을 당하고, 제삼일에 살아날 것이라고 제자들에게 설명하셨다(21절). 우리가 예수님의 사명을 올바로 이해할 때, 비로소 예수님이 행하신 일에 관한 복음을 전하는 교회의 사명을 이해할 수 있다.

하지만 예수님이 오신 목적이 그게 전부라면, 복음서의 나머지 내용들은 전부 쓸모없게 될 것이다. 마태복음 5-7장의 산상보훈도 필요 없을 것이다. 믿는 사람들이 서로 어떻게 지내야 하는지, 혹은 믿지 않는 사람들과는 어떤 관계를 맺어야 하는지, 세상을 향해 어떻게 선하고 정의로운 영향력을 미치며 살아야 하는지 등은 다 필요 없는 내용이 되고 말 것이다. 그러나 예수님은 산상설교를 통해 다음과 같이 말씀하신다. "너희는 세상의 빛이라 산 위에 있는 동네가 숨겨지지 못할 것이요…이같이 너희 빛이 사람 앞에 비치게 하여 그들로 너희 착한 행실을 보고 하늘에 계신 너희 아버지께 영광을 돌리게 하라"(5:14, 16).

이 말씀 안에 전도와 선행, 내부자들과 외부자들 간의 상호 관계를 말해주는 열쇠가 들어 있다. 성탄 전야의 촛불 예배에 참석해본 적 있는가? 없다 해도 그 기본적인 개념은 아주 간단하다. 사람들은 "오 거룩한 밤O Holy Night"이나 다른 성탄절 찬송을 따라 부르며 자기가 들고 있는 초에 불을 붙이고, 다시 옆 사람에게 그 불을 넘겨준다. 찬송이 처음 시작될 때는 어두웠던 그 공간이 끝을 향해 갈수록 빛과 열기를 내며 불타는 초들로 가득 차게 된다. 한 개의 촛불은 어둠 속에서 밝게 빛나지만, 수십 개의 촛불은 어둠을 몰아낸다.

교회가 예수님이 명하신 모든 명령(노하지 말라, 음욕을 품지 말라, 원수를 사랑하라, 가난한 자에게 주라, 아무것도 염려하지 말라 등)에 순종할 때 바로 그러한 일이 일어난다. 교회 안에 있는 그리스도인들이 서로를 향해, 그리고 외부자들을 향해 올바르게 행동할 때, 세상은 산 위에 있는 동네와 같은 우리의 모습을 보고 빛을 조사받게 될 것이다. 그 빛을 본 외부자들은 안으로 들어오길 원하게 되고, 이를 통해 하늘에 계신 아버지는 영광을 받으신다.

그런데 여기서 그 순서가 아주 중요하다. 그리스도인과 교회가 세상의 문화를 구속하고redeeming 사회를 변화시키는 데 너무 몰두하다 보면, 자기 집안을 바로 세우지 못하는 일이 너무나 빈번하게 일어난다. 그것은 순서가 잘못된 것이다. 이 책의 곳곳에서 힘주어 말했던 것처럼, 교회가 먼저 새로워진 문화, 변화된 천국의 도성이 되어야 한다. 그럴 때만 그들의 사랑, 선행, 정의에 대한 갈망이 온전한 형태로 밖으로 흘러넘치게 된다. 그때 세상에서 갈 곳을 잃은 시민들과 거기서 혁명을 일으키는 데 실패한 사람들이 피난처를 찾아 우리의 대사관 안으로 들어올 것이다.

모든 이에게 착한 일을

그래서 교회는 내부자들을 위해 존재하는가, 아니면 외부자들을 위해 존재하는가? 교회는 상호보완적인 방식으로 둘 다를 위해 존재한다. 사도 바울은 "그러므로 우리는 기회 있는 대로 모든 이에게 착한 일을 하되 더욱 믿음의 가정들에게 할지니라"(갈 6:10)라고 가르쳤다. 교회는 언제든지 밖에 있는 모든 이를 환영하며, 믿음으로 교회 안으로 들어오라고 초청한다.

교회 안에서 그리스도인들은 예수님이 명하신 모든 것에 순종하는 삶을 배운다. 이는 하나님께 영광을 돌리는 것과 자신의 가정, 직장, 이웃의 외부자들을 사랑하는 것을 포함한다. 또한, 내부자들이 서로에게 착한 일을 할 때, 그들은 칠흑 같은 어둠에 파묻힌 세상 속에서 거룩한 소망의 등대로서 빛나게 된다. 이것을 잘 표현하고 있는 크리스마스 찬송이 있다. 그것은 바로 아돌프샤를 아당Adolphe-Charles Adam이 작사한 "오 거룩한 밤"이다.

참으로 서로 사랑하라 가르치셨네

그의 법은 사랑이요 그의 복음은 평화로다

사슬을 끊으시고 우리 형제를 놓으시리

그 이름 안에서 모든 압제가 그치리

추천 도서

Keller, Timothy. *Generous Justice: How God's Grace Makes Us Just.*
New York: Viking, 2010.《팀 켈러의 정의란 무엇인가》두란노 역간.

Stiles, Mack. *Evangelism: How the Whole Church Speaks of Jesus.*
Wheaton, IL: Crossway, 2014.《전도》부흥과개혁사 역간.

교회는 그리스도인들의 모임이다

↓

그 모임은 그리스도의
하늘 왕국의 대사관이다

↓

그들은 기쁜 소식과 왕이신
그리스도의 명령을 선포하며

↓

지정하신 규례를 통해
서로를 그 나라의 시민으로 확언하며

↓

하나님의 거룩하심과
사랑을 드러낸다

↓

하나로 연합된
다양한 사람들을 통해

↓

온 세상 가운데

↓

**장로들의 가르침과
모범을 따라**

9장

누가 이끄는가?

조너선 리먼

목사가 뭔지 모르는 사람은 아마 없을 것이다. 교회에 안 다니는 사람도 어느 정도는 알고 있다. TV에서라도 한 번쯤은 목사를 본 적 있을 것이다. 목사는 교회의 지도자로서 교회를 이끌어 간다. 그들은 공예배 도중에 앞에 서 있는다. 그들은 한동안 얘기한다. 예배 후에 출입문 곁에 서서 밖으로 나가는 사람들과 악수를 나누기도 할 것이다. 그 밖에 주중에 이런저런 좋은 일들을 하기도 한다.

아마도 대부분의 사람들은 목사에 대해 막연한 이미지만 갖고 있을 것이다. TV에서 본 기억, 어렸을 때 한 번씩 갔던 교회에서 본 기억 등 개인적인 경험을 통해 그런 이미지가 생길 수 있다.

우리는 저마다 다른 다양한 목회자상을 갖고 있다. 어떤 사람은 수려한 외모에 카리스마가 넘치고 코미디언 같은 수완으로 5천 명의 청중도 한순간에 사로잡을 수 있는 쇼맨십 가득한 목사를 떠올릴 수 있다. 또 어떤 이는 인자한 얼굴의 노신사가 강단에 올라서기는 했는데, 주중에 대부분의 시간을 병원 심방과 어려운 이웃 돕기에 다 써 버려서 설교는 길고 지루하고 불명확한 그런 목사의 모습을 생각할 수도 있다. 혹은 미간에 깊은 주름을 만든 채 강단에서 성경책을 흔들어 대며 심각한 강의를 하거나, 매주 세상만사에 대한 특정 견해를 힘주어 선포하는 목사를 떠올릴 수도 있다. 혹 개중에는 "목사"라는 직함 아래 온 회중의 존경을 받던 사람에게서 받았던 상처나 학대의 기억을 떠올리는 사람이 있을지도 모르겠다.

예수님의 제자훈련 프로그램

이 책의 목적은 교회를 재발견하는 것이다. 그래서 우리는 교회에 대해 이야기하는 데 대부분의 시간을 사용했다. 교회란 다름 아닌 모든 교인이며, 거기에는 당연히 '당신'도 포함되어 있다. 하지만 어떤 교회이든 지도자들의 역할은 매우 중요하다. 우리는 그들을 '목사' 혹은 '장로'라고 부를 것이다. 이 두 가지 명칭은 성경의 용례(행 20:17, 28; 딛 1:5, 7; 벧전 5:1-2를 보라.)를 따라 서로 호환해서 사용될 수 있다.

당신이 멤버로서의 직무를 유능하게 행하느냐 못하느냐는 목사들이나 장로들이 그들의 직무를 어떻게 수행하느냐에 달려 있다. 5장에서 보았듯이, 당신의 직무는 제사장이자 왕이 되는 것이다. 제자 삼는 사역을 통해 온 땅에 복음의 통치를 확장하는 것에 더해 복음의

'무엇'과 '누구'를 살피는 일 역시 예수님이 당신에게 부여하신 직무이다. 그러면 목사의 직무는 무엇인가?

팬데믹이 지나가고 나면 이 질문에 대한 답을 아는 것이 그 어느 때보다 중요해질 것이다. 왜냐하면 코로나19로 인한 봉쇄가 교회 안에서 교인들 간의 상호 신뢰와 지도자들에 대한 신뢰에 크나큰 영향을 미쳤기 때문이다. 이에 대해서는 잠시 후에 더 살펴보겠지만, 신뢰 관계를 다시 회복하려면 목사의 직무가 무엇인지 정확하게 아는 것이 중요하다. 간단히 말해서, 목사의 직무는 교인이 자신의 직무를 제대로 감당할 수 있도록 교인을 구비시키는 일이다.

우리는 이것을 에베소서 4장 11-16절에서 배울 수 있다. 사도 바울은 예수님이 그분의 교회에 여러 은사를 주셨다고 말한다. 그중에 목사가 있다(11절). 바울은 예수님이 이러한 은사들을 교회에 주신 이유를 "성도를 온전하게 하여 봉사의 일을 하게 하며 그리스도의 몸을 세우려 하심이라"(12절)라고 말한다. 따라서 목사의 직무는 성도들이 그들의 일을 하도록 구비시키는 것이다. 우리는 목사의 가르침을 통해 서로에게 사역하는 법을 배우고, 다음 말씀에 제시된 목표를 이루어 간다.

> "오직 사랑 안에서 참된 것을 하여 범사에 그에게까지 자랄지라 그는 머리니 곧 그리스도라 그에게서 온 몸이 각 마디를 통하여 도움을 받음으로 연결되고 결합되어 각 지체의 분량대로 역사하여 그 몸을 자라게 하며 사랑 안에서 스스로 세우느니라"(15-16절).

몸의 각 부분은 제각각 할 일이 있다. 우리는 모두 사랑 안에서 그 몸을 세우는 일에 참여한다. 그리고 우리가 이 일을 감당할 수 있도록 우리를 가르치고 훈련시키는 것이 바로 목사의 직무다.

매주일 교회에서 갖는 모임은 바로 이를 위한 직무훈련 시간이다. 그 자리에서 목사의 직분을 맡은 자는 교인의 직분을 맡은 자들을 준비시켜, 그들이 복음을 알고, 복음대로 살며, 교회의 복음 증거를 수호하며, 서로의 삶에 복음을 뿌리내리고, 복음을 외부자들에게까지 가져가게 하는 것이다. 예수님이 교인들에게 복음 안에서 서로를 확언하고 세워 가는 사명을 주셨다면, 목사에게는 그들이 그런 일을 감당할 수 있도록 훈련시키는 사명을 주셨다. 목사가 그 직무를 제대로 감당하지 못하면, 교인들도 그들의 직무를 제대로 감당할 수 없게 된다.

> 장로의 직무 + 교인의 직무 = 예수님의 제자훈련 프로그램

목사의 직무와 교인의 직무를 합하면 예수님의 제자훈련 프로그램이 된다. 이것은 기독교 서점에서 구입할 수 있는 정형화된 프로그램이 아니다. 이것은 교사용, 학생용 교재와 주일학교 교실 벽에 붙이는 포스터 등을 상자에 담아 파는 패키지 상품이 아니다. 예수님의 제자훈련 프로그램은 바로 에베소서 4장에 있다.

가르쳐 구비시킴

목사나 장로가 교인들을 구비시키는 사역의 중심에는 가르침과 삶이 있다. 바울이 디모데에게 한 권면에서 그 정형화된 공식을 엿볼수 있다. "네가 네 자신과 가르침을 살펴 이 일을 계속하라 이것을 행함으로 네 자신과 네게 듣는 자를 구원하리라"(딤전 4:16).

하나씩 순서대로 살펴보자. 장로와 일반 교인 사이에 주요한 차이점 중 하나는, 장로는 "가르치기를 잘해야"(딤전 3:2) 한다는 점이다. 이것은 장로가 강단에 올라가 수천 명의 사람들 앞에서 자신의 지혜와재치로 그들의 마음을 휘어잡을 수 있어야 한다는 말이 아니다. 다만성경의 말씀을 이해하지 못하거나 삶의 힘든 순간을 어떻게 헤쳐 나가야 할지 모르는 교인에게 성경적인 조언을 해줄 수 있어야 한다는뜻이다. 장로가 성경을 펼쳐 들고 그 안에서 정신 나간 소리를 하지는 않으리라는 것을 당신이 신뢰할 수 있어야 한다는 것이다. 성경에대한 올바른 지식을 전해주고, "바른 교훈에 합당한 것"(딛 2:1)을 가르치는 자가 바로 장로이다.

하루 날을 잡아서 일요일 오후에 바울이 디모데와 디도 두 명의 목사에게 보낸 세 통의 편지를 전부 읽으면서 그중에서 가르침에 관해언급하고 있는 부분에 밑줄을 쳐보라. 아마 손에 쥐가 날지도 모른다. 하나만 골라 보면, 바울은 디모데에게 보낸 두 번째 편지에서 바울 자신에게서 들은 바 바른 말을 본받아 지키라고(딤후 1:13) 말한다. 또한 디모데는 바울에게서 들은 바를 충성된 사람들에게 부탁하여,

그들이 또 다른 사람들을 가르칠 수 있게 해야 한다(2:2). 그뿐 아니라 진리의 말씀을 올바르게 가르치는 일을 부지런히 해야 하며(15절), 진리에서 떠난 망령되고 헛된 말을 버려야 한다(16, 18절). 그리고 오직 하나님이 가르치게 하신 대로만 가르치고 지도해야 하는데, 이는 하나님이 가르침을 받는 사람에게 회개함을 주셔서 진리를 알게 하실 수도 있기 때문이다(24-25절). 마지막으로 바울은 디모데에게 때를 얻든지 못 얻든지 오래 참음으로 말씀을 전파하고, 경책하고, 경계하며, 권하라고 명령하면서(4:2) 끝을 맺는다.

바울이 디모데와 디도 두 사람에게 보여준 청사진은, 사람들이 경건함 가운데 자라나는 것을 천천히, 인내하며, 매일, 반복적으로 추구하라는 것이다. 또한 장로는 강요하지 말고 가르쳐야 한다. 강요된 경건의 행위는 결코 참된 경건이 아니기 때문이다. 경건한 행동은 중생한 새 언약의 마음에서부터 자발적으로 솟아나는 것이다.

장로가 가르치면, 회중은 봉사와 선한 일을 행하기 시작한다. 이것을 보여주는 놀라운 장면이 사도행전 16장에서 바울과 그의 일행이 처음으로 빌립보에 도착했을 때 나타난다. 바울이 한 무리의 여성들과 그중에 있던 루디아라는 여인을 가르치자 "주께서 그 마음을 열어 바울의 말을 따르게 하셨다"(14절). 바울은 루디아에게 세례를 주었고, 이에 그 여인은 바울과 그 일행에게 "만일 나를 주 믿는 자로 알거든 내 집에 들어와 유하라"고 했다. 이 일을 기록한 누가는 그 여인이 "[그들을] 강권하여 머물게 하"였다고 기록하면서(15절) 이야기의 끝을 맺는다. 바울은 설교했고, 루디아가 구원을 얻었고, 그녀는 그

즉시 손 대접을 행했다!

본이 되어 구비시킴

장로가 가르치기만 하는 것은 아니다. 장로는 양 무리의 본이 되는 삶을 살아야 한다. 베드로는 "너희 중 장로들에게 권하노니…너희 중에 있는 하나님의 양 무리를 치라"(벧전 5:1-2)고 가르친다. 그 일을 어떻게 하라는 말인가? 베드로는 "양 무리의 본이 되라"(3절)고 말한다.

장로는 사람들에게 자신을 본받으라고 요청함으로 사역한다. 바울 역시 고린도 교회 사람들에게 다음과 같이 말한다. "그러므로 내가 너희에게 권하노니 너희는 나를 본받는 자가 되라 이로 말미암아 내가 주 안에서 내 사랑하고 신실한 아들 디모데를 너희에게 보내었으니 그가 너희로 하여금 그리스도 예수 안에서 나의 행사 곧 내가 각처 각 교회에서 가르치는 것을 생각나게 하리라"(고전 4:16-17).

가끔씩 그리스도인들이 장로의 직무설명을 찾기 위해 성경을 찾아보다가, 성경이 장로의 **성품**에 대해 더욱 체계적으로 기술하고 있는 것(딤전 3:2-7; 딛 1:6-9)을 발견하고는 깜짝 놀라곤 한다. 또한 흥미로운 점은, 절제하며, 신중하며, 단정하며, 나그네를 대접하며, 술을 즐기지 아니하며, 구타하지 아니하며, 오직 관용하며, 다투지 아니하며, 돈을 사랑하지 아니하여야 하는 장로의 자격요건은 실은 모든 그리스도인이 가져야 할 성품을 가리킨다는 것이다. 참으로 모든 그리스도인이 그렇게 되기를 열망해야 하지 않겠는가? 유일한 예외는 "가르치기를 잘하며"(딤전 3:2)와 "새로 입교한 자도 말지니"(6절)이다. 개 중에는 바울이 왜 장로의 자격으로 보다 특별한 것들, 예컨대 "대규 모의 조직을 이끌어 실적을 올렸음을 증명할 것", "일곱 개의 고아원 을 운영할 것", "부흥의 선봉이 되어 수백 명의 회심자를 낼 것" 등을 요구하지 않았는지 궁금해할 수도 있다. 그 이유는 아마도 장로가 본 이 되어야 한다는 데서 찾을 수 있을 것이다. 가르치기를 잘해야 하 는 것을 제외하면 장로의 삶은 다른 그리스도인들이 본을 삼을 수 있 는 것이어야 하기 때문이다.

장로는 귀족과 평민, 혹은 중세의 사제와 평신도를 나누듯 그렇게 그리스도인들 중에 특별한 지위를 갖는 "계급"이 아니다. 근본적으 로 장로는 한 사람의 그리스도인이자 교회의 교인이다. 다만 그 성품 이 남에게 본이 되고 가르치는 일을 잘할 수 있어서 따로 구별된 것 뿐이다.

장로에게는 공식적인 호칭이 붙지만, 그 외에 장로와 일반 교인의 차이점은 대체적으로 성숙함의 차이이지 계급의 차이가 아니다. 아 이의 부모처럼 장로는 교인들이 더욱 성숙해 가도록 끊임없이 그들 을 독려하는 일을 한다. 때문에 그것이 매우 독특한 직분임은 분명하 며, 성숙한 그리스도인이라고 해서 다 장로의 자격이 있는 것은 아니 다. 하지만 요점은 유지된다. 장로는 그가 그리스도를 닮은 한, 자신 과 같은 사람을 복제하려거 애쓴다(고전 4:16; 11:1).

비유를 들자면, 장로의 일은 망치와 톱을 어떻게 사용하는지 시범 을 보인 후에 그 도구를 교인들의 손에 들려주는 것과 같으며, 피아

노 음계를 치거나 골프 스윙을 해 보인 후에 교인들에게 자신과 똑같이 따라해보라고 하는 것과 같다.

어쩌면 목사나 장로가 되는 것은 자신의 온 삶으로 쇼앤텔show-and-tell(주로 영어권 국가의 초등학교 저학년이나 그 이하에서 교실 활동으로 흔히 사용하는 프로그램. 말 그대로 "보여주고"show "말하는"tell 활동으로, 한 아이가 교실 앞에 나가 자신이 준비해 온 물건을 친구들에게 보여주며 그것에 대한 이야기를 한다. 친구들은 그 아이의 설명을 듣고 질문을 하기도 하고, 그러면 준비해 온 아이가 그에 대해 답변하기도 한다. 어린이집이나 유치원은 물론, 초등학교의 저학년에서도 발표력과 자기 표현력 등을 기르기 위해 아주 보편적으로 사용하는 교육 프로그램이다.—역자주)을 하는 것과 같다고 말할 수 있을지도 모르겠다. 우리 모두 쇼앤텔 했던 것을 기억할 것이다. 학교에 장난감을 들고 가서 친구들에게 그것을 보여주며 그에 대한 이야기를 한다. 때론 친구들이 그것을 만져보며 어떻게 움직이는지 볼 수 있게 해준다.

이것이 바로 목사나 장로의 삶이다. 교회를 향해 이렇게 말하는 것이다. "여러분에게 십자가의 길을 가르쳐 드리겠습니다. 제가 먼저 걸어가는 모습을 보십시오. 이것이 고난을 이겨내는 방법입니다. 이것이 자녀들을 사랑하는 방법입니다. 이것이 복음을 나누는 방법입니다. 이것이 후하게 베풀고 정의를 실천하는 방법입니다. 이것이 진리를 위해서는 용맹함을 잃지 않으며, 그러나 상한 심령을 향해서는 부드럽게 대하는 방법입니다."

그렇다면 교인으로서 장로를 대하는 우리의 태도는 어떠해야 하는가? 히브리서 저자는 이것을 간결하게 제시해준다. "하나님의 말씀을 너희에게 일러 주고 너희를 인도하던 자들을 생각하며 그들의 행실의 결말을 주의하여 보고 그들의 믿음을 본받으라"(13:7).

복수성의 이점

모든 그리스도인이 따를 수 있는 삶의 방식을 제시하는 것이 장로의 일이라면, 여러 명의 장로가 있는 것이 교회에 유익이 될 것이다. 물론 전임 사역자를 보면서 배울 수 있는 부분이 있겠지만, 생업을 위해 학교에서, 공장에서, 금융권에서 일하는 장로를 보면서 배울 수 있는 부분도 있다. 서로 다른 일에 종사하는 이들이 다양한 삶의 영역에서 어떻게 경건의 모습을 나타내는지를 볼 수 있기 때문이다. 그뿐 아니라 목사 한 명이 일주일 동안 감당할 수 있는 목양의 일이 한정되어 있다면, 두 사람은 두 배로, 세 사람은 세 배로 더 많은 일을 감당할 수 있을 것이다.

신약 성경에는 교회에 몇 명의 장로가 있어야 한다는 말은 전혀 없지만, 지역 교회를 언급할 때 "장로들"이라는 복수형을 일관되게 사용하고 있다. 예를 들어 바울은 "밀레도에서 사람을 에베소로 보내어 교회 장로들을 청"했다(행 20:17). 야고보도 "너희 중에 병든 자가 있느냐 그는 교회의 장로들을 청할 것이요"라고 썼다(약 5:14; 또한 행 14:23; 16:4; 21:18; 딛 1:5을 보라).

게다가 목사나 장로가 전부 다 사례를 받아야 한다고 하지도 않았으며, 단지 몇몇은 사례를 받을 것이라는 구절이 적어도 하나 존재한다(딤전 5:17-18). 1세기 당시의 교회들이 그 많은 장로들에게 전부 사례를 주었을 것이라고는 상상하기 어려운 일이다. 예컨대 콜린과 나도 교회로부터 사례를 받지 않는다. 우리는 전임으로 파라처치 parachurch 사역을 하면서, 동시에 각자 자신의 교회에서 장로 혹은 목사로 봉사하고 있다. 우리는 그 사역을 저녁이나 주말에 감당하는 일로 생각한다. "비정규 사역자", "평신도 장로", 혹은 그것을 뭐라고 부르던 간에, 우리는 그러한 직분의 봉사로 장로 회의에 정기적으로 참석하고, 교회 생활 가운데 이런저런 다양한 자리에서 이따금씩 가르치는 일을 하며, 여러 가지 상담 요청이나 가정의 위기 상황에 대해 도움을 주고, 혼인 전 상담을 해주는 일 등을 하고 있다. 또한 우리는 장로로서 우리의 기도 생활에 있어 항상 교회를 가장 우선시해야 한다. 물론 다른 그리스도인들 역시 다 그렇게 하기를 바라는 바이다.

장로가 여러 명 있다고 해서 주설교자로 섬기는 목사의 역할에 별반 특별할 것이 없다는 말은 아니다. 예루살렘 교회에서는 야고보가 지도자로서 특별히 인정을 받았고(행 15:13; 21:18), 에베소에서는 디모데가, 그레데에서는 디도가 그러했으며, 바울도 고린도에서 다른 평신도 장로들과는 달리 설교하는 일에 전념했다(행 18:5; 고전 9:14; 딤전 4:13; 5:17). 이렇게 정기적으로 하나님의 말씀을 선포하는 일을 맡은 신실한 설교자에게 회중은 특별한 신뢰를 보이며, 다른 장로들도 그 설교자를 동등한 중에 가장 우선한 자로 여겨 "더욱" 배나 존경할 자로 곧 사례를 지불할 자로 여겼다(딤전 5:17). 그럼에도 공식적으로는 여전히 설교자나 목사는 근본적으로 회중의 부름을 받은 다른 장로들과 동등한 또 한 명의 장로일 뿐이다.

복수의 장로를 두면 다음과 같은 여러 가지 유익이 있다.

- **목회적 연약함에 대해 균형을 맞추어준다.** 목사 한 사람이 모든 은사를 다 가지고 있을 수는 없다. 경건한 이들의 은사, 열정, 통찰력이 목사의 부족함을 보충해준다.
- **목회적 지혜를 더해준다.** 우리는 그 누구도 전지하지 않다.
- **"회중 대 목사"라는 대립구도를 완화시켜준다.** 그런 대립구도가 가끔 발생할 수 있다.
- **교회의 리더십을 회중 안에 토착화한다.** 그래서 사역자인 목사가 떠나더라도 회중은 여전히 흔들림 없는 지도력을 보유하게 된다.
- **교회 안의 남성들을 위한 명확한 제자도 궤적을 창조한다.** 교회 안에 있는 남성들이 전부 다 하나님의 부르심을 받아 장로로 봉사하는 것은 아니다. 그러나 모든 사람이 다음과 같이 자문해보아야 한다. '나라고 봉사하지 못할 이유가 무엇이며, 이와 같이 그리스도의 몸을 섬기는 자가 되기 위해 필요한 준비를 갖추지 못할 이유가 무엇인가?' 바울은 그것을 선한 일을 사모하는 것이라고 일컬었다(딤전 3:1).
- **여성들을 위한 제자도의 본이 된다.** 장로들이 전체 회중을 위해 행하는 것처럼 믿음 안에 있는 나이 든 여성들도 젊은 여성들을 제자 삼는 일에 전념해야 한다(딛 2:3-4).

윤활유로서의 신뢰

예수님의 제자훈련 프로그램은 앞서 언급한 바와 같이 교인들이 자신의 직무를 행하도록 장로들을 통해 구비시키는 일이다. 그런데 이 일의 성패와 관련하여 가장 중요한 점은 교인들과 장로들 사이의 신뢰 관계이다. 신뢰는 예수님의 제자훈련 프로그램이 제대로 작동하는 데 필수적인 원활유와 같다. 그것이 없이는 기어가 마모되어 멈춰 버리고 만다.

한 번 생각해보라. 우리는 신뢰할 수 있는 사람의 말을 듣고, 그들을 모방하며, 그들의 뒤를 따른다. 정직하고, 나를 사랑하고, 나의 유익을 구하는 신뢰할 수 있는 사람의 가르침이나 교정은 훨씬 더 수월하게 받아들일 수 있다. 반대로 신뢰하지 못하는 사람의 말은 다시 한 번 생각해보고 모든 말을 의심할 것이다. 그러므로 건강한 교회에는 신뢰받기에 합당한 장로들이 있어야 할 뿐 아니라, 그들을 기꺼이 신뢰하고자 하는 사람들이 있어야 하는 법이다.

코로나19로 인한 봉쇄가 가져다준 어려움들 중에 하나는 사람들이 서로 만나지 못함으로써 자연스럽게 상호 간에 신뢰가 약해졌다는 것이다. 갈등이 첨예한 경우만 아니면 사람들과 물리적으로 함께 있는 것은 신뢰를 쌓는 데 도움이 된다.

- "네, 그분 알죠. 같이 점심을 먹은 적이 있어요. 좋은 분입니다. 맘에 들어요."
- "음, 이메일을 주고받으면서 상황이 더 나빠졌어요. 그러다 직

접 만나서 이야기하니 모든 상황이 해결됐죠. 이젠 다 좋아졌어
요."

사람들과 만나 어울리면 보통은 신뢰가 형성된다. 반면에 서로 떨어져 있다 보면 마음속에 걱정과 회의, 심지어 두려움마저 생긴다. 결국 많은 목사들은 이번 코로나19 봉쇄 기간 동안 지난 수년간 회중 안에 쌓아 놓은 신뢰가 순식간에 고갈되고 있음을 알게 되었다. 2020년 봄의 처음 몇 주 간의 봉쇄 때는 교회 안에 별문제가 없어 보였다. 그러다 몇 주가 몇 달이 되면서 부담이 가중되었고, 각국 정부는 더 강화된 규제를 내놓기에 이르렀다. 불안한 상황을 더욱 악화시킨 것은 그로 인해 교회가 아예 모이지 않거나 아니면 아주 소수만 모이게 되었다는 사실이다. 모일 수 없는데 그동안 쌓아 놓은 신뢰도 많지 않은 교회는 엔진오일이 부족한 채로 달리는 자동차와 같다. 앞서 언급한 것처럼 교인과 장로들 사이에, 그리고 교인들 상호 간에, 기어가 마모되기 시작할 것이다. 소셜미디어를 통해서 그런 일들이 일어나기도 한다. 한 걸음 내디딜 때마다, 교회의 하나 됨에 악영향을 미치는 정치적 의견 차이로 인한 파열적 압력은 더욱 강해졌다. 그리고 다 함께 모이지 못하는 어려움으로 인해 교인들 상호 간의 신뢰와 지도자들을 향한 신뢰는 더 각박해졌다.

콜린과 나는 정치적으로 보수 성향의 교인들과 진보 성향의 교인들, 혹은 양쪽 모두에게서 비난을 받은 수십 명의 목사들과 이야기를 나누었다. 그들의 말로는 교인들이 자신들의 말에 이의를 제기하며

교회를 떠났으며, 심지어 교회에 오래 다녔던 리더들조차 그 행렬에 동참했다는 것이다.

이 자리에서 정치적 이슈들을 다 논할 수는 없다. 그러나 정치적인 이유에서든 아니면 그 어떤 이유에서든 교회의 지도자들에 대한 신뢰를 잃어버린 당신에게 목양적 차원에서 간단한 조언을 해줄 수는 있을 것 같다. 당신이 지금 그런 상태에 처해 있다면 이는 참으로 중대한 사안이다. 신자가 영적으로 성장하는 가장 주된 수단은 하나님의 말씀을 듣는 것이다. 따라서 당신이나 당신의 배우자, 혹은 당신의 자녀들이 목사를 신뢰하지 못한다면, 매주 목사에게서 하나님의 말씀을 듣는 데 어려움을 겪게 될 것이고, 그런 시간이 지속된다면 결국 영혼은 피폐해질 것이다. 그러므로 이런 문제들은 어떻게 해서든 꺼내어 해결할 필요가 있다.

어쩌면 당신에게 문제가 있을 수 있다. 적어도 그런 가능성을 한 번쯤은 고려해볼 필요가 있다. 특히나 오랫동안 알고 지내며 신뢰했던 친구들이나 다른 지도자들에게 등을 돌리고 있다면 더욱 그렇다. 그것을 놓고 기도해보라. 그리고 당신이 신뢰할 만한 사람의 평가를 들어보라. 어쩌면 한 사람의 장로 혹은 여러 명의 장로들에게 문제가 있을 수도 있다. 그런 경우에는 그들에게 그 문제를 직접적으로 거론해야 할 필요가 있을 수도 있다.

이 자리에서 우리가 당신의 구체적인 상황을 정확히 진단할 수는 없다. 하지만 우리가 해줄 수 있는 말은, 신뢰를 회복하기 위해 온갖 노력을 다해도 소용이 없다면, 그곳을 떠나 당신이 충분히 신뢰할 수 있는 목사가 사역하는 교회를 찾아가야 할 수도 있다는 것이다. 그곳에서 당신은 목사가 당신에게 도전이 되는 조언을 하더라도 이를 받아들일 수 있을 것이다. 당신이 이미 알고 있는 것들을 확인시켜주기만 하는 교회를 찾으려 하지는 말라.

물론 그리스도인들은 언제나 화목하기 위해 힘써야 한다. 그러나 때로는 다루기 힘든 갈등의 경우 잠시 그것을 내려놓고 주님께서 주님의 때에 주님의 방법대로 그것을 해결해주시기를 구하는 것이 참된 겸손이다. 주님의 때가 찾아오기까지는 깨어진 신뢰가 걸림돌이 되지 않게 하면서 하나님의 말씀을 듣고 적용하는 당신의 능력을 계속 발휘하는 것이 매우 중요하다. 목사로서 말하자면, 어떤 사람이 잘못되었고 내가 옳다는 확신이 있을 때에도 그가 나를 신뢰하지 않는다면, 그는 다른 곳에서 영적으로 성장할 수 있도록 나의 교회를 떠나는 편이 더 낫다. 그는 다른 곳에서 선포되는 하나님의 말씀을 듣고 더욱 성장할 수도 있고, 훗날 우리가 다시 화해할 수도 있을 것이다. 물론 나 역시도 더 성장해야 할 부분이 있다. 사람들을 '내' 리더십 아래 두는 것보다 더 중요한 일은 그들이 신뢰할 수 있는 리더십 아래 있는 것이다. 그래도 다행인 점은 복음을 전하는 교회라면 모두가 천국의 한 팀을 이루어 뛰고 있다는 사실이다.

그럼 집사는?

신약성경은 목사와 장로, 그리고 교인의 자격에 더하여 또 하나의 직분을 인정하는데, 바로 집사직이다. 집사는 마치 양원제 의회에서 상원을 견제하는 하원과 같은 제2의 의사결정 기구가 아니다. 더 정확하게 말하자면 하나님은 집사들에게 다음과 같은 세 가지 일을 맡기셨다. 즉 실제적인 필요를 찾아 그것을 돌보는 일, 교회의 하나 됨을 수호하고 증진하는 일, 장로들의 사역을 돕고 지원하는 일이다. 비유하자면, 장로들이 "이 차를 몰고 필라델피아까지 갑시다."라고 할 때, "아니요, 피츠버그로 갑시다."라고 말하는 것은 집사의 일이 아니다(이 비유를 우리나라 상황에서 이해하기 쉽게 표현해보면, 대전에 있는 교회 장로들이 "이 차를 몰고 대구까지 갑시다."라고 했을 때, "아니요, 광주로 갑시다."라고 말하는 것은 집사의 일이 아니다.—역자주). 오히려 "이 차의 엔진 상태를 봐서는 필라델피아까지 갈 수 없습니다."라고 말하는 것이 장로들과 교회 전체를 위해 봉사하는 길이다.

사도행전 6장에 '집사'라는 명사는 전혀 나타나지 않지만 같은 단어의 동사형이 사용되고 있다. 우리 성경은 그것을 "접대"라는 단어로 번역한다(해당 헬라어 동사는 "디아코네오^{διακονέω}"로서 '섬기다', '봉사하다'라는 의미를 갖는다. 대부분의 영어 성경은 이것을 "serve"로 번역한다.—역자주). 그 문맥은 다음과 같다. 예루살렘 교회는 세계 역사에서 종종 나타나듯 인종적 구분에 따라 분열되고 있었다. 헬라파 과부들이 음식을 배급받는 일에 있어서 히브리파 과부들에 비해 등한시되고 있었기 때문이다. 사도들은 "식탁의 봉사"(행 6:2의 헬라어 직역)는 자신들이 해야 할 섬김이 아님을 알았다. 왜냐하면 그들은 말씀을 전하는 일(4절의 표현에 따르면 "말씀의 봉사")과 기도에 전념하도록 부르심을 받았기 때문이다. 그리하여 사도들은 교회가 경건한 사람들을 통해 과부들을 잘 도울 수 있도록 지도했다. 사람들의 물질적인 복리를 돌보는 것은 하나님의 돌보심을 구현하는 일로서, 영적으로도 유익을 끼칠 때가 많으며, 또한 외부자들에게 선한 증거가 된다.

물질적인 돌봄 이면에는 집사직의 두 번째 측면인 몸의 하나 됨을 위한 노력이 자리하고 있다. 집사들은 과부들에게 음식이 공평하게 돌아가도록 돌보았다. 이 일이 중요했던 이유는 **물질적인** 사항에 소홀함으로 인해 한 몸 안에 **영적인** 분열이 초래되었기 때문이다(행 6:1을 보라). 교회 안에서 이런 분열이 일어나는 것을 막기 위해 집사들이 임명되었다. 즉 집사들의 직무는 몸 안에서 갈등 완화의 역할을 하는 것이었다.

세 번째로, 집사들의 임무는 사도들의 사역을 지원하는 것이었다. 집사들은 과부들을 돌봄으로써 말씀의 교사들이 그 사역을 잘 감당할 수 있도록 지원했다. 이런 의미에서 집사들은 근본적으로 장로들의 사역을 장려하고 지원하는 사람들이다. 그 결과 어떤 일이 일어났는가? "하나님의 말씀이 점점 왕성하여 예루살렘에 있는 제자의 수가 더 심히 많아지니라"(행 6:7).

교회의 하나 됨을 지켜내기 위해 봉사하고 일하는 것은 모든 그리스도인의 사명인데, 왜 집사의 직분을 공적으로 인정할 필요가 있는가? 왜냐하면 집사의 직분을 통해 교회는 그런 봉사의 일이 바로 복음과 예수 그리스도의 가르침의 핵심에 매우 근접한 일이라는 것을 되새길 수 있기 때문이다. 예수님은 자신이 섬김을 받으러 오신 것이 아니라 섬기러 오셨다고 말씀하셨다. 여기서 예수님이 사용하신 "섬김"이라는 단어를 우리는 "집사"로 번역하는 것이다(막 10:45). 즉 예수님이 "집사의 일"을 하셨다. 장로는 기독교 교리대로 사는 삶의 본을 보인다면, 집사는 섬김의 삶의 본을 보인다.

장로와 집사라는 선물을 주신 것에 대해 하나님께 찬양을 돌리자. 교회를 재발견하는 과정 중에 **선물**이라는 단어가 당신의 마음속 깊이 새겨지길 바란다. 하나님은 당신을 사랑하셔서 장로와 집사라는 선물을 주셨다. 당신은 이들을 선물로 인식하고 있는가? 하나님이 주신 이 선물에 대해 감사하고 있는가? 당신은 감사할 수 있다. 그들의 일은 당신의 유익과 복음의 증진을 위한 것이다. "그들은 너희 영혼을 위하여 경성하기를 자신들이 청산할 자인 것 같이 하느니라"(히 13:17). 하나님이 그들에게 주신 책임은 중대한 것이다. 천하 만물을 다 아시는 하나님이 그들의 책임에 대해 청산하실 것이라는 사실을 신뢰한다면, 우리도 그들을 신뢰하고 그들에게 순종할 수 있을 것이다.

추천 도서

Rinne, Jeramie. *Church Elders: How to Shepherd God's People Like Jesus*. Wheaton, IL: Crossway, 2014.《교회의 장로》부흥과개혁사 역간.

Smethurst, Matt. *Deacons: How They Serve and Strengthen the Church*. Wheaton, IL: Crossway, 2021.

결론

당신의 마음에 드는 교회가 아닌 더 나은 것을 지향하게 하는 교회

두 가지 이야기로 본서를 마무리하고자 한다. 첫 번째는 토드와 앨리슨에 관한 이야기다. 이들의 이름은 가명이고 구체적인 사안에는 약간의 변경을 가했지만, 실존 인물들이기는 하다. 토드와 앨리슨은 교회가 거의 없는 아시아의 큰 도시에서 수년간 선교사로 사역하다가, 지금은 미국 남부의 교회가 밀집한 큰 도시에 살고 있으며, 주일마다 교회에 나간다.

안타깝게도 선교지에서의 삶은 그들의 결혼 생활에 있어 힘든 시간이었고, 지금 그들 사이에는 끊임없는 다툼만 남게 되었다. 토드에게 물어보면 앨리슨이 언제나 자신의 탓만 하며, 그래서 솔직히 그녀와 남은 인생을 함께할 수 있을지 회의가 들기 시작한다고 말한다. 앨리슨도 같은 생각이다. 토드의 수더분한 매력에 다른 이들은 미소를 짓지만, 그녀는 속이 뒤집힐 지경이라고 한다. 도대체 그 매력은 어디다 팔아먹었는지 퇴근해서 집에 돌아오면 짜증을 내고, 애들에게 잔소리를 하며, 그녀에게 하루 종일 무엇을 했는지를 캐묻는다고 한다. 그녀는 자기가 왜 이런 사람과 결혼했는지 모르겠다고 한다.

그런데 이 모든 갈등 뒤에 또 다른 문제가 있다. 그들이 교회에서 다른 사람들과 이렇다 할 교제를 갖지 않는다는 점이다. 교회에서 그들은 그저 주변인으로만 존재한다. 75분 남짓의 주일 예배 한 번 드리는 것이 그들의 교회생활의 전부다. 아무도 그들이 겪고 있는 어려움에 대해 알지 못하고, 그들도 그 어려움을 다른 이들에게 나누려 하지 않는다.

그럼에도 신기한 것은 토드와 앨리슨은 자신들을 성숙한 그리스도인으로 생각한다는 점이다. 그들은 둘 다 대학의 기독교 모임에서 학생 리더로 있을 때부터 성경공부 모임을 이끌어 왔고, 대중 앞에서 기도할 때 적절한 용어를 사용하는 법도 잘 알고 있다. 거기다 그들은 스스로 인식하는 것보다 더 자만심에 가득 차 있다. 그들은 그들에게 교회가 얼마나 필요한지 잘 모르고 있으며, 예수님이 교회를 통해 어떻게 그들을 돌보시고자 하는지에 대해서도 깨닫지 못하고 있다. 그래서 그들은 주변만 서성거리다가 자기들이 겪고 있는 어려움도, 교회가 줄 수 있는 유익도 올바로 알지 못한 채 그렇게 교회 문을 나서곤 한다.

우리가 토드와 앨리슨에게 바라는 것은 무엇일까? 우리는 그 부부가 자기를 낮추고 교회 안으로 좀 더 깊이 들어오기를 바란다. 설사 그 과정에서 희생이 따른다 해도 말이다. 그들은 주중의 일정을 좀 줄여 사람들과 관계를 형성하는 길을 찾을 수 있다. 그들은 휴가와 휴일 계획을 조정해서 교인들과 휴일을 함께 보낼 수 있다. 솔직히 말해서 그들은 교회 근처로 더 가까이 이사 와서 사람들과 더 자주 접할 수 있는 방안을 생각할 수도 있다. 가까이 사는 교인을 대신해 장을 봐서 그 집에 가져다주면 쉽사리 30분 정도는 대화할 수 있는 짬이 생긴다. 하지만 30분 정도 떨어진 곳에 살고 있다면 그런 일은 좀처럼 일어나지 않을 것이다. 그렇게 계획에 없던 대화가 일정을 약간 삐끗하게 할 수 있겠지만, 우리의 영혼에는 양약이 된다.

두 번째 이야기는 재즈민에 관한 것이다. 재즈민은 어려서 의붓아버지에게서 육체적, 성적 학대를 받았다. 그래서 다른 집에 맡겨졌는데, 그곳에서도 똑같은 학대를 당했다. 성인이 된 그녀는 하나님의 은혜로 그리스도인이 되었고, 그리스도인 남성과 결혼했다. 그렇지만 그녀의 내면 깊숙이 쌓여 있던 그 모든 상처와 두려움, 분노의 파편들로 인해 결혼 초기에 많은 어려움을 겪었다.

너무나 감사하게도 하나님은 재즈민에게 경건한 남편과 사랑이 넘치는 교회를 허락해주셨다. 결혼 초기에 그 부부는 오랜 시간 목사와 상담하는 시간을 가졌고, 재즈민은 교회의 다른 여성들과 많은 시간을 보냈다. 또한 매주일 하나님의 말씀이 선포되는 자리에 나아왔으며, 성경공부 모임에도 참석했다.

시간이 갈수록 재즈민은 마치 따스한 햇살 아래 수줍게 고개를 드는 한 송이 꽃과 같이 조금씩 마음을 열기 시작했다. 신뢰를 배우게 된 것이다. 그녀는 치밀어 오르는 화를 다스리는 법을 배우게 되었고, 주변의 모든 사람이 나를 위협한다는 시각을 버리게 되었다. 매 순간 스스로 억제하고 자기를 방어하려는 생각에서 벗어날 수 있게 된 것이다. 그뿐 아니라 눈을 밖으로 돌려 다른 사람을 사랑하고 그들에게 초점을 맞추는 방법도 배워 가기 시작했다. 사람들에게 어떤 상처가 있고, 그들은 어떤 짐을 지고 살아가는지, 그들을 사랑하기 위해 어떻게 자신을 바칠 수 있는지 등을 생각하기 시작했다. 어린 시절의 그녀를 알았던 믿지 않는 가족들과 친구들은 놀라움을 금치 못했다.

우리가 재즈민에게 바라는 것은 무엇일까? 우리는 그녀의 긍정적인 변화가 계속되기를 바란다. 다른 사람들이 자신을 위해 마음 써주길 바라는 것처럼, 그녀도 계속해서 다른 이들을 위해 마음을 쓰기를 바란다.

성격이 외향적인 사람만 신실한 교인이 되는 것은 아니다. 정서적인 에너지가 넘치는 사람도 있고 부족한 사람도 있다. 우리가 하고 싶은 말은 당신에게 있는 것을 사용하라는 것이다. 하나님이 당신에게 주신 자원을 신실하게 사용하는 것이 곧 교회를 사랑하는 길이자 교회로부터 사랑을 받는 길이다.

교회 쇼핑을 하지 말라

책의 서두에서 언급한 것처럼, 당신이 교회에 가지 않는 데에는 여러 가지 이유가 있다. 그렇기 때문에 우리는 역사상 지금 이 순간이 교회를 재발견할 수 있는 기회라고 생각한다. 교회를 떠나는 일이 팬데믹이나 정치 때문에 시작된 것은 아니다. 세상은 이 책에서 제시하는 교회의 비전과 반대되는 본능적 생각들을 우리 안에 일구어 왔다.

다가올 불확실한 날들 속에서 교회가 번성하기 위해서는 교회를 재발견하는 일이 꼭 필요하다.

오늘날 사람들은 출석할 교회를 찾는 일에 대해 '쇼핑'이라는 단어를 사용한다(저자는 미국에서 사용되는 '교회 쇼핑', 즉 여러 교회들 중에서 자신의 기호에 맞는 교회를 고르는 과정을 일컫는 용어를 염두에 두고 있다—편집주). 이는 근본적인 문제를 시사한다. 그들은 쇼핑하듯 교회를 찾으면서 교회가 나를 위해 무엇을 해줄 수 있는지만 생각할 뿐, 내가 교회를 위해 무엇을 할 수 있는지는 생각하지 않는다. 또한 '쇼핑'은 마치 어떤 브랜드의 케첩을 고를 것인가와 같은 선호도의 문제일 뿐이다. 따라서 고객은 언제나 왕이다. 교회가 우리의 입맛에 맞을 동안만 우리는 그 교회에 충성한다.

과학 기술의 발달이 가져온 여파를 생각해보라. 우리는 이미 앞에서 온라인 동영상 교회와 팟캐스트들이 영적인 성장을 이루는 일에 다른 평범한 그리스도인들이 필요하지 않다는 인상을 어떻게 심어주게 되었는지 이야기했다. 내가 가장 즐겨 듣는 예배 음악과 내 맘에 꼭 드는 설교자를 유튜브나 스포티파이에서 찾을 수 있다면, 예배시에 앉을 자리를 찾아 광분하는 별로 알고 싶지도 않은 가족들 틈에서 나 또한 자리를 차지하려고 경쟁하면서 얻을 수 있는 그 어떤 불완전한 영적 경험을 뛰어넘는 완벽한 맞춤형 영적 경험을 잘 조직해 낼 수 있을 것이다.

그러나 신기술의 발달로 교회가 직면하고 있는 도전 과제는 어제 오늘의 일이 아니다. 자동차라는 이동수단 덕분에 수많은 교회에서 실질적으로 권징이 끝나 버린 것은 우리 시대에 처음 겪는 일도 아니다. 이제는 누구든 아무 이유 없이 아내와 이혼하고도 다른 마을로 차를 몰고 가서 거기서 다른 교회에 다닐 수 있게 되었다. 전 부인과 아이들을 보호하고 돌보도록 부름받은 교회 지도자들이 그 사람에게 공적인 회개를 촉구해도 그는 그 권고에 따를 필요조차 없다. 신기술의 발달이 꼭 나쁘다는 것이 아니다. 단지 그로 인해 새로운 도전 과제들이 생겨나고 있다는 말이다.

그렇기 때문에 다시 한 번 교회를 재발견하는 일이 정말 필요하다. 왜냐하면 우리는 하나같이 하나님이 우리에게 원하시는 것들을 자주 망각하기 때문이다. 사도 바울은 빌립보 교인들에게 "아무 일에든지 다툼이나 허영으로 하지 말고 오직 겸손한 마음으로 각각 자기보다 남을 낫게 여기고 각각 자기 일을 돌볼뿐더러 또한 각각 다른 사람들의 일을 돌보아 나의 기쁨을 충만하게 하라"고 말했다(빌 2:3-4). 그 다음 구절들에서 바울은 예수님의 본보기를 언급한다. "그는 근본 하나님의 본체시나 하나님과 동등됨을 취할 것으로 여기지 아니하시고 오히려 자기를 비워 종의 형체를 가지사 사람들과 같이 되셨고"(빌 2:6-7). 예수님이 자신을 낮추시어 십자가 위에서 죽으시자 하나님은 그분을 높이셨다. 만일 교회 안에 사랑이 넘치는 하나 됨이 있기를 원한다면, 우리는 이 자기 부인이라는 동일한 길을 따라가야만 한다. 하나님이 "잘하였도다 착하고 충성된 종아"(마 25:21)라고 인정해주시는 목표에 도달하려면 그 외에 다른 길은 없다.

내가(콜린) 아는 어떤 목사는 자기 마음에 쏙 드는 교회는 없다는 말을 자주 한다. 하지만 각자에게 꼭 필요한 교회는 있다. 우리 모두는 나 자신보다 더 위대한 것을 향해 나를 부르는 교회가 필요하다. 즉 하나님께로 나를 부르는 교회가 필요한 것이다. 우리가 예수님의 본을 따라갈 때, 우리는 우리가 필요로 하는 교회를 얻게 될 것이다.

나를 빚어내는 기관

현대를 살아가는 우리는 타인으로부터 관심과 인정을 받는 것을 개인적 목표로 삼고, 이를 위해 가족, 직장, 학교 등의 기관을 잘 활용하도록 훈련되어 있다. 일단 내가 원하는 것을 손에 넣었거나 아니면 그 기관이 내게 원하지 않는 희생을 요구하면, 우리는 그 기관을 내팽개치고 또 다른 기관을 찾아 떠난다. 새 직장을 얻거나, 새 가족을 이루거나, 새로운 학교로 옮겨 간다.

하지만 개인의 성장은 대개 그런 식으로 이루어지지 않는다. 일반적으로 당신이 잘못할 때 도전 과제를 던져주지 않는 관계라면 그 관계는 당신을 더 나은 사람으로 변화시키지 못한다. 생각해보라. 당신의 삶에서 가장 중요한 사람들은 누구인가? 그들은 당신이 내리는 어떤 결정이든 그저 다 인정하기만 하는가? 아니면 그들은 어떤 상황에서도 당신을 사랑하기에 당신에게 진실을 말해주는가? 가족이나 친구와의 관계는 희로애락을 함께 하면서 더 끈끈하게 형성된다. 당신이 행복할 때는 당신 뒤에 서 있고, 당신이 힘들 때는 당신 옆에 서 있으며, 당신이 연약할 때는 당신 앞에 서 있는 사람이 그들이다.

우리가 재발견해야만 하는 교회의 모습은 바로 그런 모습이다. 교회는 그저 나의 이력서를 채우고 자기 정체성을 강화하는 데 사용하는 또 하나의 기관이 아니다. 우리는 교회를 통해 하나님의 사람으로 빚어지며, 사람들과 함께함으로써 더욱 강해진다. 동시에 하나님이 우리 각 사람에게 허락하신 독특한 능력과 열정에 대해 더 배우게 된다. 교회 안이라고 해서 나의 개성이 지워져 버리는 것은 아니다. 오히려 나를 지금의 이 모습대로 지으신 창조주와의 관계 안에서, 그리고 내 안에 있는지조차 몰랐던 사랑과 능력을 꺼내어주는 다른 이들과의 관계 안에서, 나의 개성은 더욱 그 빛을 발하게 된다. 당신은 당신이 원했던 교회를 얻지 못할 수도 있다. 하지만 당신은 당신에게 꼭 필요한 교회를(과거에는 그러한 필요성조차 깨닫지 못했었으나) 얻는다.

이러한 이상에 미치지 못하는 부족한 교회들이 얼마나 많은지 우리 두 사람이 전혀 모르는 바가 아니다. 어쩌면 당신은 우리가 어려운 문제를 과소평가한다고 생각할지도 모르겠다. 하지만 정반대다. 우리가 교회 안에서 맡고 있는 직책으로 인해 우리는 대부분의 사람들보다 교회의 어두운 면을 훨씬 더 많이 알고 있다. 우리가 직접 겪은 일도 있고, 다른 이들로부터 전해 들은 것도 있으며, 친구와 가족들과 함께 본 것도 있다. 따라서 우리는 교회 내의 학대나 이단적 신학을 관대하게 바라봐 달라고 부탁하는 것이 아니다. 교회 문제를 덮어놓고 두둔하는 것도 아니며, 과거와 현재를 불문하고 교회 안에 늘 있어 왔던 권력과 권위의 오용을 묵과하려는 것도 아니다.

다만 우리가 믿는 바는 교회 안에 아무런 갈등도 없기를 기대할 수는 없다는 점이다. 모든 사람과 다 잘 지내기를 바랄 수는 없다. 모두가 동일한 이상, 동일한 우선순위, 동일한 전략을 공유하기를 바랄 수도 없다. 갈등의 순간들은 우리 모두에게 시험이 된다. 저쪽 골목에 있는 다른 교회는 좀 더 수월하지 않을까 하는 생각이 떠오른다. 한동안은 정말 그럴 수도 있다. 하지만 영원하지는 않을 것이다. 왜냐하면 그 교회에도 은혜로 구속받은 죄인들이 가득할 테니 말이다. 그리고 당신 자신도 여전히 은혜로 구속받은 죄인이 아닌가. 그곳에도 좋은 점과 나쁜 점이 다 있다. 어쩌면 조금은 덜 심할 수도 있다. 그러나 예수님이 다시 오실 이 땅의 교회에서는 불화와 실망이 조금도 없을 수는 없다.

교회는 바닷가 자갈밭에 밀려드는 파도와 같다고 생각하라. 파도는 교회이고, 당신과 다른 교인들은 자갈이다. 파도는 몇 년이 가도 매일같이 끊임없이 밀려온다. 자갈들 위로 몰아치는 파도에 각각의 자갈들은 이리저리 서로 부딪힌다. 몇 달을 지켜봐도 큰 차이가 없어 보인다. 하지만 몇 년이 지나고, 심지어 수십 년이 지나면 그 변화가 보일 것이다. 파도가 부서지고 돌들이 서로 부딪히면서 거친 모서리가 부드럽게 깎여 나가고, 햇살 아래 반짝이는 빛을 발하게 되며, 그 과정에서 모든 돌이 서로 다른 크기와 모양을 갖게 된다. 그리고 그 모든 자갈들은 제각각 저마다의 아름다움을 뽐낼 것이다.

"반석"이라는 의미의 이름을 가진 베드로가 교회를 묘사하기 위해 돌의 이미지를 자주 사용한 것은 그리 놀랄 일이 아니다. 첫째, 베드로는 교회의 기초가 예수님이라는 것을 우리에게 보여준다. 그는 이

사야 28장 16절을 예수님에게 적용하여, "보라 내가 택한 보배로운 모퉁잇돌을 시온에 두노니 그를 믿는 자는 부끄러움을 당하지 아니하리라"(벧전 2:6)라고 말했다.

둘째, 그는 하나님은 모든 사람이 예수님을 귀하게 여길 것이라고 기대하지 않으셨다고 말한다. 베드로전서 2:7-8에서는 시편 118:22("건축자가 버린 돌이 집 모퉁이의 머릿돌이 되었나니")과 이사야 8:14("걸림돌과 걸려 넘어지는 반석")을 인용하여 예수님을 귀하게 여기지 않는 사람들이 있다고 말한다.

셋째, 그는 예수님이 무언가 아름다운 것을(교회인 우리를 말함) 세우셨다고 말한다. "사람에게는 버린 바가 되었으나 하나님께는 택하심을 입은 보배로운 산 돌이신 예수께 나아가 너희도 산 돌 같이 신령한 집으로 세워지고 예수 그리스도로 말미암아 하나님이 기쁘게 받으실 신령한 제사를 드릴 거룩한 제사장이 될지니라"(벧전 2:4-5).

하나님이 교회 안에 행하신 경이로운 일들을 깨닫기 위해 여기 나오는 구약의 모든 언급들을 다 이해할 필요는 없다. 우리가 예수님을 믿을 때, 우리는 하나님에 의해 그리고 하나님을 위해 구원을 받는다. 우리는 우리 자신에 의해 그리고 우리 자신을 위해 구원 받은 것이 아니다. 하나님이 우리 한 사람 한 사람보다 훨씬 더 큰 무언가를 세워 가시는 것이다. 베드로는 이러한 고상한 진리에 전율하며 다음과 같이 말한다.

"그러나 너희는 택하신 족속이요 왕 같은 제사장들이요 거룩한 나라요 그의 소유가 된 백성이니 이는 너희를 어두운 데서 불러 내어 그의 기이한 빛에 들어가게 하신 이의 아름다운 덕을 선포하게 하려 하심이라 너희가 전에는 백성이 아니더니 이제는 하나님의 백성이요 전에는 긍휼을 얻지 못하였더니 이제는 긍휼을 얻은 자니라"(벧전 2:9-10).

교회 안에 건전한 시스템이 올바로 작동하지 않을 때 당신의 지역 교회 안에 많은 일이 일어난다. 사람들 중에 누가 무슨 병을 갖고 있는지 알 수 없으니 탁 트인 실외로 나가서 모임을 갖는다. 애들은 먹을 것을 달라고 징징대고, 옆자리의 여성은 축도하는 중에 코를 곤다. 어떤 남성은 페이스북에 실없는 것들이나 올리고 있다. 그리고 목사는 장례식 참석에 더하여 예정에 없던 병원 심방이 세 군데나 있어서 설교를 준비할 시간도 부족하다. 교회를 재발견할 때, 당신은 세상이 그저 돌들밖에 보지 못하는 곳에서 아름다움을 보게 될 것이다.

일단 참석하라

우리가 이 책을 쓴 이유는 당신이 교회를 재발견하도록 도움으로써 결국 그리스도의 몸이 필수적인 이유를 알게 하려는 것이다. 그럼 이제 어쩌란 말인가? 다음 단계는 무엇인가? 여기 좋은 소식이 있다. 이것은 생각보다 쉬운 것이다. 일단 참석하여 무엇을 도울지 물어보라.

그렇다. 그것이 바로 이 책에서 얻어야 할 큰 소득이다. 나는(콜린) 새로 교인이 된 분들과 이야기할 때 한 가지 큰 약속을 한다. 아직까지 내가 거짓말했다고 불평하러 온 사람은 한 명도 없었다. 내가 한 약속은 이것이다. 만일 그들이 주일 예배와 수요 가정 모임에 꾸준히 참석하여 서로를 돌보는 일을 한다면, 교회로부터 얻고자 하는 것은 전부 다 얻게 되리라는 것이었다. 그것은 바로 영적인 성장이요, 우정이요, 성경적 지식이면서, 또한 실제적인 도움일 것이다. 이 두 가지 단순한 과제를 이행함으로써 그들은 교회로부터 원하는 모든 것을 얻게 된다.

정기적으로 참석하지 않으면 교회를 통한 성숙의 경험을 얻지 못한다. 배움을 통해 성경 지식이 자라거나, 함께 기도함으로써 관계가 깊어지는 일을 경험하지 못한다. 당신이 다른 이의 유익을 구하지 않으면, 교회가 당신의 필요를 채워주지 못하는 것과 다른 사람이 당신에게 다가오지 않는 것을 놓고 교회를 판단하는 것만 배우게 된다. 우리 두 사람은 지금까지 모임에 꾸준히 참석하여 어떻게 다른 이를 도울 수 있는지 구하지 않는 사람이 그 공동체로부터 원하는 것을 얻고 교회를 재발견하는 경우를 한 번도 본 적이 없다.

당신이 그리스도의 몸이라는 사실을 잊지 말라. 손일 수도 있고, 귀나 눈일 수도 있다. 몸에 붙어 있는 그 어떤 것이라도 당신은 없어서는 안 될 필수적인 존재이다. 당신 없이는 그 몸이 제대로 기능할 수 없다. 또한 당신에게도 그리스도의 몸이 꼭 필요하다. 그러니 참석하여 주변을 살피라. 당신은 생각보다 다른 그리스도인들에게 더욱 필요한 존재다. 그리고 언젠가는 당신에게 그들이 얼마나 필요했었는지 깨닫게 될 날이 올 것이다.

감사의 말

나 콜린 핸슨은 이 책을 쓰는 동안 기도와 실질적인 후원을 아끼지 않은 데이비드 바이어스David Byers에게 감사를 표합니다. 또한 우리는 아래의 여러 기고문과 책에서 일부분을 발췌하고 수정하여 이 책에 담을 수 있게 허락을 받았는데, 이에 감사의 뜻을 전합니다.

2장 : Jonathan Leeman, "The Corporate Component of Conversion," Feb. 29, 2012, 9Marks.org; 3장 : Jonathan Leeman, "Do Virtual Churches Actually Exist?" Nov. 9, 2020, 9Marks.org; Jonathan Leeman, "Churches: The Embassies and Geography of Heaven," Dec. 20, 2020, 9Marks.org; 5장 : Jonathan Leeman, "Church Membership Is an Office and a Job," May 7, 2019, 9Marks.org; 6장 : Jonathan Leeman, *Is It Loving to Practice Church Discipline?* (Wheaton, IL: Crossway, 2021); Jonathan Leeman, "The Great American Heartache: Why Romantic Love Collapses on Us," Nov. 21, 2018, DesiringGod.org; 9장 : Jonathan Leeman, "Church Membership Is an Office and a Job," May 7, 2019, 9Marks.org; Jonathan Leeman, *Understanding the Congregation's Authority* (Nashville: B&H, 2016).

개혁된 실천 시리즈 ─────────

1. 깨어 있음
깨어 있음의 개혁된 실천
브라이언 헤지스 지음 | 조계광 옮김

성경은 모든 그리스도인에게 신분이나 인생의 시기와 상관없이 항상 깨어 경계할 것을 권고한다. 브라이언 헤지스는 성경과 과거의 신자들의 가르침을 바탕으로 깨어 있음의 "무엇, 왜, 어떻게, 언제, 누가"에 대해 말한다. 이 책은 반성과 자기점검과 개인적인 적용을 돕기 위해 각 장의 끝에 "점검과 적용" 질문들을 첨부했다. 이 책은 더 큰 깨어 있음, 증가된 거룩함, 삼위일체 하나님과의 더 깊은 교제를 향한 길을 발견하고자 하는 사람을 위한 책이다.

2. 기독교적 삶의 아름다움과 영광
그리스도인의 삶의 개혁된 실천
조엘 R. 비키 편집 | 조계광 옮김

본서는 그리스도인의 삶에서 정말로 중요한 요소들을 압축적으로 담고 있다. 내면적 경건생활부터 가정, 직장, 전도하는 삶, 그리고 이 땅이 적대적 환경에 대응하며 살아가는 삶에 대해 정확한 성경적 원칙을 들어 말하고 있다. 이 책은 주제들을 잘 선택해 주의 깊게 다루는데, 주로 청교도들의 글에서 중요한 포인트들을 최대한 끌어내서 핵심 주제들을 짚어준다. 영광스럽고 아름다운 그리스도인의 삶의 청사진을 맛보고 싶다면 이 책을 읽으면 된다.

3. 목사와 상담
목회 상담의 개혁된 실천
제레미 피에르, 디팍 레주 지음 | 차수정 옮김

이 책은 목회 상담이라는 어려운 책무를 어떻게 수행해야 하는지 차근차근 단계별로 쉽게 가르쳐준다. 상담의 목적은 복음의 적용이다. 이 책은 이 영광스러운 임무를 효과적으로 수행할 수 있도록 첫 상담부터 마지막 상담까지 상담 프로세스를 어떻게 꾸려가야 할지 가르쳐준다.

4. 장로 핸드북
모든 성도가 알아야 할 장로 직분
제랄드 벌고프, 레스터 데 코스터 공저 | 송광택 옮김

하나님은 복수의 장로를 통해 교회를 다스리신다. 복수의 장로가 자신의 역할을 잘 감당해야 교회 안에 하나님의 통치가 제대로 편만하게 미친다. 이 책은 그토록 중요한 장로 직분에 대한 성경의 가르침을 정리하여 제공한다. 이 책의 원칙에 의거하여 오늘날 교회 안에서 장로 후보들이 잘 양육되고 있고, 성경이 말하는 자격요건을 구비한 장로들이 성경적 원칙에 의거하여 선출되고, 장로들이 자신의 감독과 목양 책임을 잘 수행하고 있는가? 우리는 장로 직분을 바로 이해하고 새롭게 실천하여야 할 것이다. 이 책은 비단 장로만을 위한 책이 아니라 모든 성도를 위한 책이다. 성도는 장로를 선출하고 장로의 다스림에 복종하고 장로의 감독을 받고 장로를 위해 기도하고 장로의 직분 수행을 돕고 심지어 장로 직분을 사모해야 하기 때문에 장로 직분에 대한 깊은 이해가 필수적이다.

5. 집사 핸드북
모든 성도가 알아야 할 집사 직분
제랄드 벌고프, 레스터 데 코스터 공저 | 황영철 옮김

하나님의 율법은 교회 안에서 곤핍한 자들, 외로운 자들, 정서적 필요를 가진 자들을 따뜻하고 자애롭게 돌볼 것을 명한다. 거룩한 공동체 안에 한 명도 소외된 자가 없도록 이러한 돌봄이 잘 이루어져야 한다. 이 일은 기본적으로 모든 성도가 힘써야 할 책무이지만 교회는 특별

히 이 일에 책임을 지고 감당하도록 집사 직분을 세운다. 오늘날 율법의 명령이 잘 실천되어 교회 안에 사랑과 섬김의 손길이 구석구석 미치고 있는가? 우리는 집사 직분을 바로 이해하고 새롭게 실천하여야 할 것이다. 그것은 교회 공동체를 향한 하나님의 거룩한 뜻이다.

6. 지상명령 바로알기
지상명령의 개혁된 실천
마크 데버 지음 | 김태곤 옮김

이 책은 지상명령의 바른 이해와 실천을 알려준다. 지상명령은 복음전도가 전부가 아니며 예수님이 분부하신 모든 것을 가르쳐 지키게 하는 것까지 포함하는 포괄적인 명령이다. 따라서 이 명령 아래 살아가고 있는 그리스도인들은 모든 것을 가르쳐 지키게 하는 그러한 시스템을 구축하고 이를 실천해야 한다. 이 책은 예수님이 이 명령을 교회에게 명령하셨다고 지적하며 지역 교회가 이 일을 수행할 수 있는 실천적 방법들을 구체적으로 다루고 있다. 삶으로 그리스도를 따르는 제자들로 가득 찬 교회를 꿈꾼다면 이 책이 큰 도움이 될 것이다.

7. 예배의 날
제4계명의 개혁된 실천
라이언 맥그로우 지음 | 조계광 옮김

제4계명은 십계명 중 하나로서 삶의 골간을 이루는 중요한 계명이다. 하나님의 뜻을 따르는 우리는 이를 모호하게 이해하고, 모호하게 실천하면 안 되며, 제대로 이해하고, 제대로 실천해야 한다. 이를 위해 우리는 이 계명의 참뜻을 신중하게 연구해야 한다. 이 책은 가장 분명한 논증을 통해 제4계명의 의미를 해석하고 밝혀준다. 하나님은 그날을 왜 제정하셨나? 그날은 얼마나 복된 날이며 무엇을 하면서 하나님의 복을 받는 날인가? 교회사에서 이 계명은 어떻게 이해되었고 어떤 학설이 있고 어느 관점이 성경적인가? 오늘날 우리는 이 계명을 어떻게 지킬 것인가?

8. 단순한 영성
영적 훈련의 개혁된 실천
도널드 휘트니 지음 | 이대은 옮김

본서는 단순한 영성을 구현하기 위한 영적 훈련 방법에 대한 소중한 조언으로 가득하다. 성경 읽기, 성경 묵상, 기도하기, 일지 쓰기, 주일 보내기, 가정 예배, 영적 위인들로부터 유익 얻기, 독서하기, 복음전도, 성도의 교제 등 거의 모든 분야의 영적 훈련에 대해 말하고 있다. 조엘 비키 박사는 이 책의 내용의 절반만 실천해도 우리의 영적 생활이 분명 나아질 것이라고 한다. 그리고 한 장씩 주의하며 읽고, 날마다 기도하며 실천하라고 조언한다.

9. 힘든 곳의 지역 교회
가난하고 곤고한 곳에 교회가 어떻게 생명을 가져다 주는가
메즈 맥코넬, 마이크 맥킨리 지음 | 김태곤 옮김

이 책은 각각 브라질, 스코틀랜드, 미국 등의 빈궁한 지역에서 지역 교회 사역을 해 오고 있는 두 명의 저자가 그들의 실제 경험을 바탕으로 쓴 책이다. 이 책은 그런 지역에 가장 필요한 사역, 가장 효과적인 사역, 장기적인 변화를 가져오는 사역이 무엇인지 가르쳐준다. 힘든 곳에 사는 사람들을 긍휼히 여기는 마음이 있다면 꼭 참고할 만한 책이다.

10. 생기 넘치는 교회의 4가지 기초
건강한 교회 생활의 개혁된 실천
윌리엄 보에케스타인, 대니얼 하이드 공저

이 책은 두 명의 개혁파 목사가 교회에 대해 저술한 책이다. 이 책은 기존의 교회성장에 관한 책들과는 궤를 달리하며, 교회의 정체성, 권위, 일치, 활동 등 네 가지 영역에서 성경적 원칙이 확립되고 '질서가 잘 잡힌 교회'가 될 것을 촉구한다. 이 4가지 부분에서 성경적 실천이 조화롭게 형성되면 생기 넘치는 교회가 되기 위한 기초가 형성되는 셈이다. 이 네 영역 중 하나라도 잘못되고 무질서하면 그만큼 교회의 삶은 혼탁해지며 교회는 약해지게 된다.

11. 북미 개혁교단의 교회개척 매뉴얼
URCNA 교단의 공식 문서를 통해 배우는 교회개척 원리와 실천

이 책은 북미연합개혁교회(URCNA)라는 개혁교단의 교회개척 매뉴얼로서, 교회개척의 첫 걸음부터 그 마지막 단계까지 성경의 원리에 입각한 교회개척 방법을 가르쳐준다. 모든 신자는 함께 교회를 개척하여 그리스도의 나라를 확장해야 한다.

12. 아이들이 공예배에 참석해야 하는가
아이들의 예배 참석의 개혁된 실천

대니얼 R. 하이드 지음 | 유정희 옮김

아이들만의 예배가 성경적인가? 아니면 아이들도 어른들의 공예배에 참석해야 하는가? 성경은 이에 대해 무엇을 말하는가? 아이들의 공예배 참석은 어떤 유익이 있으며 실천적인 면에서 주의할 점은 무엇인가? 이 책은 아이들의 공예배 참석 문제에 대해 성경을 토대로 돌아보게 한다.

13. 신규 목회자 핸드북
제이슨 헬로포울로스 지음 | 리곤 던컨 서문 | 김태곤 옮김

이 책은 새로 목회자가 된 사람을 향한 주옥같은 48가지 조언을 담고 있다. 리곤 던컨, 케빈 드영, 앨버트 몰러, 알리스테어 베그, 팀 챌리스 등이 이 책에 대해 극찬하였다. 이 책은 읽기 쉽고 매우 실천적이며 유익하다.

14. 마음을 위한 하나님의 전투 계획
청교도가 실천한 성경적 묵상

데이비드 색스톤 지음 | 조엘 비키 서문 | 조계광 옮김

묵상하지 않으면 경건한 삶을 살 수 없다. 우리 시대에 일어나고 있는 일이 바로 이것이다. 오늘날은 명상에 대한 반감으로 묵상조차 거부한다. 그러면 무엇이 잘못된 명상이고 무엇이 성경적 묵상인가? 저자는 방대한 청교도 문헌을 조사하여 청교도들이 실천한 묵상을 정리하여 제시하면서, 성경적 묵상이란 무엇이고, 왜 묵상을 해야 하며, 어떻게 구체적으로 묵상을 실천하는지 알려준다. 우리는 다시금 이 필수적인 실천사항으로 돌아가야 한다.

15. 마크 데버, 그렉 길버트의 설교
설교의 개혁된 실천

마크 데버, 그렉 길버트 지음 | 이대은 옮김

1부에서는 설교에 대한 신학을, 2부에서는 설교에 대한 실천을 담고 있고, 3부는 설교 원고의 예를 담고 있다. 이 책은 신학적으로 탄탄한 배경 위에서 설교에 대해 가장 실천적으로 코칭하는 책이다.

16. 개혁교회 공예배
공예배의 개혁된 실천

대니얼 R. 하이드 지음 | 이선숙 옮김

많은 신자들이 평생 수백 번, 수천 번의 공예배를 드리지만 정작 예배에 대해서 제대로 이해하지 못하는 경우가 많다. 당신은 예배가 왜 지금과 같은 구조와 순서로 되어 있는지 이해하고 예배하는가? 신앙고백은 왜 하는지, 목회자가 왜 대표로 기도하는지, 말씀은 왜 읽는지, 축도는 왜 하는지 이해하고 참여하는가? 이 책은 분량은 많지 않지만 공예배의 핵심 사항들에 대하여 알기 쉽게 알려준다.

17. 존 오웬의 그리스도인의 교제 의무
그리스도인의 교제의 개혁된 실천

존 오웬 지음 | 김태곤 옮김

이 책은 그리스도인 상호 간의 교제에 대해 청교도 신학자이자 목회자였던 존 오웬이 저술한 매우 실천적인 책으로서, 이 책에서 우리는 청교도들이 그리스도인의 교제를 얼마나 중시했는지 엿볼 수 있다. 이 책은 그리스도인의 교제에 대한 핵심 원칙들을 담고 있다. 교회 안의 그룹 성경공부에 적합하도록 각 장 뒤에는 토의할 문제들이 부가되어 있다.

18. 신약 시대 신자가 왜 금식을 해야 하는가

금식의 개혁된 실천

대니얼 R. 하이드 지음 | 김태곤 옮김

금식은 과거 구약 시대에 국한된, 우리와 상관없는 실천사항인가? 신약 시대 신자가 정기적인 금식을 의무적으로 행해야 하는가? 자유롭게 금식할 수 있는가? 금식의 목적은 무엇인가? 이 책은 이런 여러 질문에 답하면서, 이 복된 실천사항을 성경대로 회복할 것을 촉구한다.

19. 네덜란드 개혁교회의 자녀양육

자녀양육의 개혁된 실천

야코부스 꿀만 지음 | 유정희 옮김

이 책에서 우리는 17세기 네덜란드 개혁교회 배경에서 나온 자녀양육법을 살펴볼 수 있다. 경건한 17세기 목사인 야코부스 꿀만은 자녀양육과 관련된 당시의 지혜를 한데 모아서 구체적인 282개 지침으로 꾸며 놓았다. 부모들이 이 지침들을 읽고 실천하면 큰 도움을 받을 수 있게 하였다. 의도는 선하더라도 방법을 모르면 결과를 낼 수 없다. 우리 그리스도인 부모들은 구체적인 자녀양육 방법을 배우고 실천해야 한다.

20. 조엘 비키의 교회에서의 가정

설교 듣기와 기도 모임의 개혁된 실천

조엘 비키 지음 | 유정희 옮김

이 책은 가정생활의 두 가지 중요한 영역에 대한 실제적 지침을 포함하고 있다. 첫째, 공예배를 위해 가족들을 어떻게 준비시켜야 하는지, 설교 말씀을 어떻게 받아야 하는지, 그 말씀을 어떻게 실천해야 하는지 설명한다. 둘째, 기도 모임이 교회의 부흥과 얼마나 관련이 깊은지 역사적으로 고찰하면서, 기도 모임의 성경적 근거를 제시하고, 그 목적을 설명하며, 나아가 바람직한 실행 방법을 설명한다.

21. 장로와 그의 사역

장로 직분의 개혁된 실천

데이비드 딕슨 지음 | 김태곤 옮김

장로는 무슨 일을 하는 사람인가? 스코틀랜드 개혁교회 장로에게서 장로의 일에 대한 조언을 듣자. 이 책은 장로의 사역에 대한 지침서인 동시에 남을 섬기는 삶의 모델을 보여주는 책이다. 이 책 안에는 비단 장로뿐만 아니라 모든 그리스도인이 본받아야 할, 섬기는 삶의 아름다운 모델이 담겨 있다. 이 책은 따뜻하고 영감을 주는 책이다.

22. 개혁교회의 가정 심방

가정 심방의 개혁된 실천

피터 데 용 지음 | 조계광 옮김

목양은 각 멤버의 영적 상태를 개별적으로 확인하고 권면하고 돌보는 일을 포함한다. 이를 위해 교회는 역사적으로 가정 심방을 실시하였다. 이 책은 외국 개혁교회에서 꽃피웠던 가정 심방의 실제 모습을 보여주며, 한국 교회 안에서 행해지는 가정 심방의 개선점을 시사해준다.

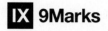 **9Marks**

당신의 교회는 건강합니까?

9Marks는 건강한 교회를 통해 열방에 하나님의 영광을 드러내기 위해서
실천적 자료들과 성경적 비전을 제공하여 교회 지도자들을
구비시키는 것을 그 목적으로 한다.

이를 위해 우리는 교회들이 다음과 같은 교회 건강의 9가지 특징을 더 갖출 수
있도록 돕고자 한다.

> 1. 강해 설교
> 2. 복음의 교리
> 3. 회심과 복음전도의 성경적 이해
> 4. 성경적인 교회 멤버십
> 5. 성경적인 교회 권징
> 6. 제자훈련과 성장에 대한 성경적 이해
> 7. 성경적인 교회 리더십
> 8. 기도 실천의 성경적 이해
> 9. 선교의 성경적 실천과 이해

9Marks는 아티클, 책, 책 리뷰, 온라인 저널을 쓰고, 콘퍼런스를 개최하고, 인터
뷰를 녹음하며, 기타 자료들을 제작하여 교회가 하나님의 영광을 드러내도록
구비시킨다.

9Marks 웹사이트에는 30개 이상의 언어로 콘텐츠가 게시되어 있으며, 무료 온
라인 저널을 받아보기 위해서는 회원 가입이 필요하다. 다음의 주소에서 여러
언어로 된 웹사이트들의 전체 리스트를 볼 수 있다.
9marks.org/about/international-efforts